Os sentidos do texto

COLEÇÃO LINGUAGEM & ENSINO
Análise e produção de textos Leonor W. Santos, Rosa C. Riche e Claudia S. Teixeira
A força das palavras Ana Lúcia Tinoco Cabral
A frase na boca do povo Hudinilson Urbano
A leitura dos quadrinhos Paulo Ramos
Leitura do texto literário Ernani Terra
Leitura e persuasão Luiz Antonio Ferreira
O texto publicitário na sala de aula Nelly Carvalho
Os sentidos do texto Mônica Magalhães Cavalcante
Preconceito e intolerância na linguagem Marli Quadros Leite
Texto, discurso e ensino Elisa Guimarães
Verbos e práticas discursivas Maria Valíria Vargas

Conselho Acadêmico
Ataliba Teixeira de Castilho
Carlos Eduardo Lins da Silva
Carlos Fico
Jaime Cordeiro
José Luiz Fiorin
Tania Regina de Luca

Proibida a reprodução total ou parcial em qualquer mídia sem a autorização escrita da editora.
Os infratores estão sujeitos às penas da lei.

A Editora não é responsável pelo conteúdo deste livro.
A Autora conhece os fatos narrados, pelos quais é responsável, assim como se responsabiliza pelos juízos emitidos.

Consulte nosso catálogo completo e últimos lançamentos em www.editoracontexto.com.br.

Os sentidos do texto

Mônica Magalhães Cavalcante

Colaboradores

Ana Cristina Lobo Sousa • Antonia Suele de Souza Alves • Carlos Eduardo Ferreira da Cruz
Carlos Magno Viana Fonseca • Elaine Cristina Forte Ferreira • Elisângela Nogueira Teixeira
Franklin Oliveira Silva • Geórgia Maria Feitosa e Paiva • Jamille Sainne Malveira Forte
Kennedy Cabral Nobre • Lívia de Lima Mesquita • Maria das Dores Nogueira Mendes
Maria Elisaudia de Almeida Pereira • Maria Iesse dos Santos • Mariza Angélica Paiva Brito
Otávia Marques de Farias • Paloma Loiola Melo de Castro
Valdinar Custódio Filho • Vicente de Lima Neto

COLEÇÃO LINGUAGEM & ENSINO
Coordenação de Vanda Maria Elias

Copyright © 2011 da Autora
Todos os direitos desta edição reservados à
Editora Contexto (Editora Pinsky Ltda.)

Foto de capa
Claude Monet, *Le printemps* (óleo sobre tela)

Montagem de capa
Gustavo S. Vilas Boas

Diagramação
Claudio Filizzola

Preparação de textos
Lilian Aquino

Revisão
Rinaldo Milesi

Dados Internacionais de Catalogação na Publicação (CIP)
(Câmara Brasileira do Livro, SP, Brasil)

Cavalcante, Mônica Magalhães
Os sentidos do texto / Mônica Magalhães Cavalcante. –
1. ed., 5ª reimpressão. – São Paulo : Contexto, 2025.

Bibliografia.
ISBN 978-85-7244-716-4

1. Análise de textos 2. Análise do discurso 3. Escrita
4. Redação 5. Textos I. Título.

12-02351   CDD-401.41

Índices para catálogo sistemático:
1. Análise de textos : Linguística 401.41
2. Textos : Análise : Linguística 401.41

2025

EDITORA CONTEXTO
Diretor editorial: *Jaime Pinsky*

Rua Dr. José Elias, 520 – Alto da Lapa
05083-030 – São Paulo – SP
PABX: (11) 3832 5838
contato@editoracontexto.com.br
www.editoracontexto.com.br

Na morte, não. Na vida.
Está na vida o mistério.
Em cada afirmação ou
Abstinência.
Na malícia
Das plausíveis revelações,
No suborno
Das silenciosas palavras.

Henriqueta Lisboa

Esta obra é dedicada à professora
Vanda Maria Elias – à sua inquietação com o
ensino da leitura e da escrita, à sua simplicidade
generosa em dobrar os mistérios da vida.

Sumário

Apresentação 11

Texto, contexto e coerência 15
   1. Concepções de texto 16
   2. Tipos de conhecimento e contextos 21
      2.1. Tipos de contexto 27
   3. Coerência textual 28
   4. Os fatores de textualidade 33
   Faça com seus alunos 40

Gêneros discursivos 43
   1. Sobre interação, propósitos comunicativos
      e gêneros discursivos 44

2. A relação entre suporte e gênero do discurso 52
3. Gêneros digitais e hipertextualidade 54
Faça com seus alunos 56

Sequências textuais 61
1. A heterogeneidade composicional
   das sequências textuais 61
2. Classificação e caracterização
   das sequências textuais 64
Faça com seus alunos 77

Tópico discursivo 79
1. Conceituação 79
2. Características do tópico discursivo 86
Faça com seus alunos 91

Referenciação e compreensão de textos 95
1. Conceitos básicos: referenciação, referente
   e expressão referencial 96
2. Características da referenciação 102
   2.1. A atividade de referenciação é uma
        elaboração da realidade 103
   2.2. A atividade de referenciação é uma
        negociação entre interlocutores 108
   2.3. A atividade de referenciação é um
        trabalho sociocognitivo 111
Faça com seus alunos 114

Expressões referenciais e suas funções no texto 121
1. Introdução referencial 121

2. Anáforas 123
3. Dêixis 127
   3.1. Dêixis pessoal 130
   3.2. Dêixis espacial 130
   3.3. Dêixis temporal 132
4. Anáfora e dêixis 132
5. As funções textual-discursivas das expressões referenciais 133
Faça com seus alunos 142

Intertextualidade 145
1. Conceituação 145
2. Copresença 147
   2.1. Citação 147
   2.2. Plágio 149
   2.3. Referência 150
   2.4. Alusão 152
3. Derivação 155
   3.1. Paródia 155
   3.2. Um tipo especial de paródia: o *détournement* 159
   3.3. Travestimento burlesco 161
   3.4. Pastiche 165
   3.5. Paráfrase 167
Faça com seus alunos 168

Bibliografia 171

A autora 175

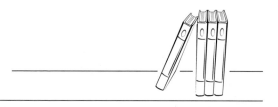

Apresentação

Deste livro, participaram muitas mãos. Juntas, buscaram levar aos professores do ensino médio um artefato simples de consulta e um respaldo objetivo para as difíceis explicações que lhes são exigidas nas raladuras cotidianas da sala de aula.

A temática da obra está centrada na compreensão e na produção de textos, e para esse eixo convergem todos os conceitos, cuidadosamente explicitados, que nos pareceram fundamentais para uma análise de textos de gêneros variados. O propósito é (re)apresentar aos professores, em especial do ensino médio, um conjunto de parâmetros com os quais eles poderão ajudar o aluno a tecer os sentidos e os referentes dos textos que irão utilizar nas aulas de língua portuguesa.

Elegemos sete parâmetros para essa empreitada, a cada um dos quais dedicamos um capítulo: a noção de texto e de contexto; os gêneros textuais (ou discursivos); as sequências textuais; o tópico textual-discursivo; as relações entre a referenciação e a coerência textual; os processos referenciais e seus usos; e as intertextualidades. Beneficiados por uma profusão de exemplos, os critérios para uma análise de textos vão sendo, assim, gradativamente explanados e ilustrados. Ao cabo de cada percurso, algumas sugestões importantes de atividades vão sendo recomendadas aos professores, a fim de que eles possam realizar as devidas adaptações a seu público-alvo.

No capítulo "Texto, contexto e coerência", redimensionamos a definição de texto, de modo a contemplar os desenvolvimentos mais recentes da Linguística Textual no Brasil. Assumimos o pressuposto de que o texto é construído na escrita e reconstruído na leitura a partir da interação entre quem enuncia, o que está na superfície textual (o cotexto) e quem compreende o texto.

No capítulo "Gêneros discursivos", discutimos como os textos são enquadrados nos diferentes padrões de gêneros do discurso. O objetivo é analisar a recorrência de vários desses padrões, despertando a atenção do leitor para as regularidades das práticas discursivas que vão estabilizando e desestabilizando os gêneros. Três dos fatores de estabilização/desestabilização são os propósitos enunciativos, o suporte e o advento da hipertextualidade nos gêneros digitais, hoje não mais restritos a computadores.

Os capítulos "Sequências textuais" e "Tópico discursivo" abordam, respectivamente, as sequências textuais (narrativa, argumentativa, descritiva, injuntiva, explicativa/expositiva e dialogal) e o tópico discursivo (ou, mais apropriadamente, textual-discursivo). Concedemos a essa abordagem, portanto, dois olhares: um para os modos de organização estrutural do texto; outro para a centração temática e para a articulação dos subtemas ou subtópicos.

O capítulo "Referenciação e compreensão de textos" nomeia e caracteriza um processo usado diariamente na fala, na escrita e na enunciação digital, mas raramente explorado nas atividades escolares: os modos de nos referirmos a objetos, pessoas, sentimentos, ações, enfim, a qualquer entidade. Trata-se do estudo da referenciação e da relevância que ela tem para a amarração das ideias dentro da unidade de sentidos de qualquer texto – a coerência.

O capítulo "Expressões referenciais e suas funções no texto" dá sequência a essas reflexões descrevendo os três grandes processos referenciais: a introdução de referentes no texto; a continuidade dos referentes no texto (a chamada *anáfora*); e a relação dos referentes com o sujeito que os enuncia (a chamada *dêixis*) e seus possíveis interlocutores. A intenção desse capítulo é demonstrar como tais processos referenciais, cada um com suas peculiaridades, colaboram para o desenvolvimento da coerência e da argumentação nos textos.

Por fim, o capítulo "Intertextualidade" esboça um quadro geral das relações de intertextualidade, até há pouco tempo mais profundamente analisadas e tipologizadas por estudos literários. Nosso objetivo é reunir os tipos de intertextualidade dispersamente encontradas nesses estudos e mostrar como eles podem ser destacados e valorizados nas aulas de língua portuguesa.

Deixamos aqui, portanto, um roteiro inicial para o muito que ainda precisa ser feito em benefício do ensino da leitura e da escrita.

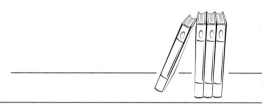

Texto, contexto e coerência

Dizemos que um texto é coerente quando podemos reconstruir sua unidade de sentido ou sua intenção comunicativa. A coerência é o principal fator de textualidade, nome que se dá ao conjunto de características que nos permitem conceber algo como um texto. Para entendermos melhor isso, inicialmente, vamos discutir alguns conceitos acerca das concepções de texto defendidas pela Linguística Textual; em seguida, apresentar os tipos de conhecimentos envolvidos no processamento textual e, finalmente, explicar como a coconstrução de sentidos e de referência ocorre em um processo cognitivo social, no qual os interlocutores estabelecem conjuntamente a coerência textual. Esses são os assuntos tratados neste capítulo.

1. Concepções de texto

Neste item, discutiremos acerca das concepções de texto e trataremos das tendências contemporâneas sobre esse conceito.

Em primeiro lugar, vamos refletir um pouco sobre os conhecimentos que você já tem sobre o que vem a ser um texto. Leia os exemplos a seguir e reflita sobre a seguinte questão: podemos dizer que os dois exemplos são textos? Por quê?

Exemplo 1

Ministro descarta realizar prova de meio do ano do Enem

O ministro da Educação, Fernando Haddad, afirmou nesta quarta-feira que não haverá edição de meio de ano do Enem (Exame Nacional do Ensino Médio), conforme previsto à época da reformulação do exame, em 2009.

Segundo Haddad, não houve tempo para cumprir as etapas burocráticas para a aplicação da prova. Assim, a próxima edição do Enem será feita apenas ao final do ano. As datas ainda serão anunciadas.

As declarações de Haddad foram dadas após reunião com o Conselho Universitário da Unifesp (Universidade Federal de São Paulo). Reformulado em 2009, o Enem é usado no processo de seleção em universidades federais e estaduais, para concorrer a uma bolsa no ProUni (Programa Universidade para Todos), e do SiSu (Sistema de Seleção Unificada), que oferece vagas em universidades federais que utilizam o Enem no processo seletivo. Na última edição, o número de inscritos foi o maior registrado nas 11 edições do exame, com 4.147.527 candidatos.

(Fonte: TAKAHASHI, Fábio. *Folha On Line*, 10 mar. 2010.)

Exemplo 2

(Disponível em: <http://realitypublicidade.blogspot.com/2009/03/aramex-e-fedex-pecas-inspiradas.html>. Acesso em: 12 dez. 2011.)

Temos dois exemplos de textos. O exemplo 1 se enquadra no gênero notícia e é composto por palavras, portanto é um texto verbal. Seu objetivo é informar ao público leitor fatos que acontecem no cotidiano. Esta é uma notícia curta sobre a decisão de realizar o Enem uma vez ao ano, tomada pelo Ministro da Educação. Já o exemplo 2 é composto de linguagem verbal e não verbal, ou seja, faz uso tanto de palavras, como o nome da marca, quanto de imagens, como a do instrumento musical sendo embalado e recebido praticamente ao mesmo tempo. Pertence ao gênero anúncio publicitário e objetiva persuadir o leitor quanto à qualidade ou eficiência do serviço ou produto anunciados. Os exemplos 1 e 2 são textos porque constituem uma unidade de linguagem dotada de sentido e porque cumprem um propósito comunicativo direcionado a um certo público, numa situação específica de uso, dentro de uma determinada época, em uma dada cultura em que se situam os participantes desta enunciação.

A interação verbal, oral ou escrita, faz-se pelo uso efetivo da língua pelos sujeitos em suas práticas discursivas, realizadas por meio de textos com os quais as pessoas interagem. O texto permeia toda a nossa atividade comunicativa. Como bem nos diz Marcuschi (2008: 88), "o texto é a unidade máxima de funcionamento da língua", e não importa o seu tamanho; o que faz o texto ser um texto é um conjunto de fatores, acionados para cada situação de interação, que determinam a coerência dos enunciados.

Para compreender e produzir qualquer texto, é necessário mobilizar conhecimentos, não apenas linguísticos, mas também todos os outros conhecimentos adquiridos com a convivência social, que nos informam e nos tornam aptos a agir nas diversas situações e eventos da vida cotidiana.

A noção de texto que estamos discutindo se origina da concepção de Beaugrande (1997: 10), que compreende o texto como "um evento comunicativo em que convergem ações linguísticas, culturais, sociais e cognitivas".

Importante para compreender esse conceito é observar, de modo panorâmico, as diversas concepções de textos que já foram defendidas ao longo dos estudos da Linguística Textual. Segundo Koch (2002), o conceito de texto varia conforme o sentido de língua e de sujeito. Apresentamos, a seguir, três concepções básicas de texto:

• *Artefato lógico do pensamento*
Inicialmente, o texto era concebido como um mero artefato lógico do pensamento do autor. Nesse caso, caberia ao leitor apenas captar essa representação mental e as intenções do produtor.

• *Decodificação das ideias*
Posteriormente, o texto passou a ser entendido como um produto da codificação de um emissor a ser decodificado pelo ouvinte, bastando, para a sua compreensão, apenas o domínio do código linguístico (conjunto de estruturas da língua). A ênfase, nessa concepção, reside na ideia de que a principal função do texto seria transmitir informações a um interlocutor passivo.

- *Processo de interação*

Hoje, o entendimento sobre o que vem a ser um texto é balizado pela noção de interação. O texto, então, é tomado como um evento no qual os sujeitos são vistos como agentes sociais que levam em consideração o contexto sociocomunicativo, histórico e cultural para a construção dos sentidos e das referências dos textos.

Koch (2002) e Costa Val (1999) destacam, ainda, que a atividade interativa textual não se realiza exclusivamente por meio dos elementos linguísticos presentes na superfície do texto, nem só por seu modo de organização, mas leva em conta também o conhecimento de mundo do sujeito, suas práticas comunicativas, sua cultura, sua história, para construir os prováveis sentidos no evento comunicativo. Tomemos como exemplo esta charge:

Exemplo 3

(Disponível em: <http://www.acharge.com.br/index.htm>. Acesso em: 21 abr. 2010.)

Apenas os elementos linguísticos do texto (o título *Aniversário de Brasília* e o balão com o pensamento do arquiteto) não são suficientes para provocar o riso. Para atribuirmos um sentido adequado ao texto, temos de fazer a leitura das imagens e reconhecer os três elementos da cena: saber que o arquiteto representado na charge é o idealizador de Brasília (Oscar Niemeyer), compreender que a ilustração que ele segura na mão é a cidade de Brasília e perceber que o desejo dele é ser capaz de projetar políticos honestos para a cidade que ele idealizou. Com esse reconhecimento, passamos a mobilizar outros conhecimentos socioculturais, que nos dizem, por exemplo, que, após cinquenta anos de fundação de Brasília, o arquiteto responsável pelo projeto inicial, ainda vivo, lamenta não contar com políticos competentes e, muito menos, tem o poder para transformar esta situação que tanto aflige os eleitores brasileiros.

Observe que o sentido de um texto não é dado apenas pelo significado das palavras, mas está na incessante interação entre locutor-co(n)texto-interlocutor.

Leia-se o que dizem, especificamente sobre o texto escrito, Koch e Elias (2006: 12, grifos nossos):

> Fundamentamo-nos, pois, em uma concepção **sociocognitivo-interacional** de língua, que privilegia os **sujeitos e seus conhecimentos em processos de interação**. O lugar mesmo de interação – como já dissemos – é o texto, cujo sentido "não está lá", mas é construído, considerando-se, para tanto, as "sinalizações" textuais dadas pelo autor e os conhecimentos do leitor, que, durante todo o processo de leitura, deve assumir uma atitude "responsiva ativa". Em outras palavras, espera-se que o leitor concorde ou não com as ideias do autor, complete-as, adapte-as etc.

Podemos concluir, dessa forma, que o texto é um evento comunicativo em que estão presentes os elementos linguísticos, visuais e sonoros, os fatores cognitivos e vários aspectos. É, também, um evento de interação entre locutor e interlocutor, os quais se encontram em um diálogo constante.

2. Tipos de conhecimento e contextos

Quando lemos ou produzimos algum texto, sempre recorremos a estratégias sociocognitivas. No decorrer do processamento textual, vários tipos de conhecimentos armazenados em nossa memória são ativados para nos auxiliar na compreensão e na produção de sentido.

De acordo com os estudiosos, esses conhecimentos podem ser de natureza linguística, enciclopédica e interacional. Veremos cada um deles a seguir, de acordo com o que dizem Koch e Elias.

a) *O conhecimento linguístico* compreende todo o conhecimento que o leitor possui sobre o uso das regras da língua, de seu complexo sistema, que inclui: a relação entre o som e o sentido das palavras, as regras morfológicas e sintáticas da língua e o uso do léxico. Como se vê, o leitor/ouvinte utiliza tudo o que sabe, consciente ou inconscientemente, sobre o funcionamento da língua para interpretar o texto.

O exemplo a seguir comprova como é relevante conhecer a língua e suas particularidades para conseguirmos atribuir sentidos a um texto.

Exemplo 4

> Rubinho é um *ás no* volante.
> (Disponível em: <www.piadasonline.com.br>. Acesso em: 12 dez. 2011.)

Para compreender a piada, é preciso considerar a ambiguidade produzida pela justaposição de dois vocábulos: *ás no*, o que gera terceiro vocábulo, "asno", que modifica o substantivo "volante" como *carro* para um adjetivo – "volante" como aquele que se move, que se desloca. Rimos exatamente desse jogo de duplo sentido e também da ironia que é provocada pela oposição de sentidos entre *ás no volante* e *asno volante*. Desse modo, o conhecimento linguístico proporciona tal entendimento, embora ele, sozinho, não seja responsável pelos sentidos construídos nessa interação. Para alcançar esse entendimento, temos que apelar para outros tipos de conhecimento, como o conhecimento de mundo que, nesta charge, pode levar à compreensão de que Rubinho não é um bom corredor.

b) Assim, chegamos a um outro tipo de conhecimento, o *conhecimento enciclopédico ou conhecimento de mundo* – que pode ser adquirido tanto formal quanto informalmente e se encontra armazenado na memória de longo termo (ou memória permanente) de um indivíduo. Durante a leitura, esse conhecimento é ativado em momentos oportunos e é essencial para a compreensão do texto. Vejamos, sobre isso, o exemplo seguinte.

Exemplo 5

Oração à Natureza

Natureza nossa que estais no mundo!
Santificadas sejam vossas árvores
Venha a nós o vosso ar
Não seja feito o desmatamento
Assim na Amazônia como em outro lugar.

O ar limpo de cada dia nos dai hoje.
Perdoai nossa poluição
Assim como nós perdoamos todas as vossas fúrias.
Não nos deixei fazer a destruição.
Fazei com que
Todos os dias sejam lindos
Amém!

(Disponível em: <http://vivaalinguaportuguesa.blogspot.com>. Acesso em: 12 dez. 2011.)

Para compreendermos a intenção sugerida pelo texto, é imperativo estabelecermos o diálogo com um outro texto: a "Oração do Pai Nosso". Desse modo, o humor acontece graças à paródia que o primeiro texto faz do segundo. Esse entendimento só será estabelecido se o coenunciador partilhar do conhecimento cultural sobre essa oração; assim sendo, o sentido só será construído se as bagagens sociocognitivas forem parcialmente semelhantes. Esse tipo de conhecimento está muito relacionado ao que Koch (2002) denomina de interacional, porque também ele inclui informações socioculturais. A diferença parece residir, principalmente, em sabermos como proceder nas mais diversas situações comunicativas e como lidar com os variados gêneros e com os contextos em que são usados.

c) O *conhecimento interacional* ocorre sempre que, ao interagirmos por meio da linguagem, precisamos mobilizar e ativar conhecimentos referentes às formas de interação. A partir desse tipo de conhecimento, somos capazes de iniciar e terminar certas formas de comunicação; sabemos, por exemplo, o que dizer e a quem quando entramos em uma loja ou em uma lanchonete; ou quando participamos de um velório, ou de um aniversário. Por meio dele, podemos reconhecer, por exemplo, o texto a seguir como pertencendo ao gênero notícia.

Exemplo 6

Adolescentes fazem roubo e atiram em motorista

Três adolescentes, dentre eles uma garota de 15 anos, foram apreendidos pela Polícia, na noite de terça-feira (22), no bairro Siqueira, depois de praticarem um assalto a uma Topic [van] que fazia a linha Fortaleza/Maranguape. O motorista do veículo chegou a ser alvejado com um tiro.
Os dois rapazes, de 14 e 15 anos, bem como a garota, também de 15 anos, foram conduzidos para a Delegacia da Criança e

do Adolescente (DCA). Ali, foi constatado que os dois rapazes saíram de uma instituição para adolescentes há cerca de um mês. Eles estavam recolhidos pela prática de assalto. Contra os três jovens foi feito um ato infracional por tentativa de latrocínio e porte ilegal de arma.

Como aconteceu
Os adolescentes apanharam a Topic, por volta das 19h30, na Avenida Osório de Paiva. Quando o veículo chegou ao Siqueira, eles anunciaram o roubo. Um dos rapazes ficou com uma arma em punho, enquanto a garota fazia o recolhimento dos pertences dos passageiros e de toda a renda que estava com o cobrador.
O motorista Francisco das Chagas Nascimento, 56, teria desagradado a um dos jovens e acabou recebendo um tiro de revólver 32. A bala atingiu suas costas, passando entre o pulmão e o coração e alojando-se no braço esquerdo. Baleado, ele foi arrancado da direção, e um dos adolescentes assumiu o volante, perdendo o controle do veículo logo em seguida. Uma viatura passava pelo local e apreendeu o trio, com duas armas de fogo e um facão.
(Fonte: *Diário do Nordeste*, em 24 jul. 2008.)

Trata-se de um gênero veiculado com frequência em jornais, rádio e internet; visa a informar as pessoas sobre os fatos do cotidiano. Faz uso do registro formal da língua e pretende aparentar imparcialidade. Organiza-se textualmente por um título e por um lide (informações básicas presentes no primeiro parágrafo relacionadas ao acontecimento noticiado: o quê, quem, onde, quando). Essas características são percebidas por meio da ativação de conhecimentos que construímos a partir do nosso contato, da nossa interação, com outros textos que também são reconhecidos como notícias.

É necessário ressaltar que divisão dos tipos de conhecimento (linguístico, enciclopédico e interacional) é meramente didática, ou seja, tem a função de separar os elementos a fim de que fiquem mais claros para quem está conhecendo o assunto agora. Na verdade, todos os tipos de conhecimento são ativados na produção e interpretação de um texto. Vejamos como isso acontece com o exemplo a seguir.

Exemplo 7

Brasília! Capital do Desvio Federal!

BUEMBA! BUEMBA! Macaco Simão Urgente! O esculhambador-geral da República! Direto do País da Piada Pronta! Sabe quem fez a letra do hino de Brasília? Capitão FURTADO! Rarará!
E Brasília completou 50 anos. Brasília é a cidade que mais aparece na televisão! "Você conhece Brasília?" "Conheço, pela televisão." "E onde fica Brasília?" "No Jornal Nacional." Rarará!
E a pior profissão em Brasília: vendedor de bilhete da Loteria Federal. Quando eles gritam: "Olha a Federal! Olha a Federal!", sai todo mundo correndo!
E o Niemeyer era um visionário mesmo. Botou dois "pinicão" em cima do Congresso. Um pra baixo e um pra cima! E Brasília era ficção científica. Agora é uma cidade como outra qualquer, as pessoas andam nos parques! E o Lula viaja tanto que, se contasse os dias em que ele passa em Brasília, o mandato dele seria menor que o do Jânio Quadros!
E os prédios públicos não têm grades. Os caras andam à solta. Meu Deus, que cidade louca! E eu nunca consegui pegar no sono em Brasília. Tem uma eletricidade. Deve ser disco voador! Aliás, o Niemeyer viu disco voador? Acho que ele foi abduzido e depois voltou pra prancheta! E como dizem os brasilienses: "Sou brasiliense, mas sou inocente!". Rarará!
E em Brasília, quando tem blitz, não se diz: "Sabe com quem você tá falando?", mas: "Sabe com o filho de quem você está falando?". E Brasília é a capital do Desvio Federal!
E Tiradentes podia ter morrido hoje, aí a gente ENFORCAVA a sexta. É mole? É mole, mas sobe! Antitucanês Reloaded, a Missão.

(Fonte: SIMÃO, José. Disponível em: <http://www.uol.com.br/josesimao/colunafolha>. Acesso em: 12 out. 2009.)

Podemos sugerir uma análise que indique a necessidade dos três tipos de conhecimento para a interpretação do texto. Comecemos pelo conhecimento interacional. Esse tipo de conhecimento diz respeito à maneira específica como os sujeitos interagem uns com os outros em cada situação de comunicação. Dito de outro modo, o conhecimento interacional tem a ver com o "comportamento" que se decide assumir em cada interação. A questão que se coloca, então, para o leitor, em relação ao conhecimento interacional, é: como devo agir para ler esse texto?

No caso do exemplo 7, o comportamento (a atitude do leitor) depende completamente do conhecimento de mundo que ele possa ter sobre o autor da crônica, José Simão. Sabendo que se trata de um jornalista que se caracteriza, entre outras coisas, por escrever crônicas humorísticas "escrachadas", o leitor, ao interagir com os textos desse autor, prepara-se para entender o humor ácido presente normalmente nos textos, e, a partir dessa atitude, ele dá sentido ao texto.

Vejamos, agora, como esse tipo de conhecimento interacional se relaciona com os outros tipos de conhecimento. O leitor precisa reconhecer que está diante do gênero crônica, ainda que nem sempre saiba nomear e descrever o gênero com que se depara; mas precisa pelo menos entender a que ele se presta.

Peguemos, por exemplo, o trecho "E a pior profissão em Brasília: vendedor de bilhete da Loteria Federal. Quando eles gritam: 'Olha a Federal! Olha a Federal!', sai todo mundo correndo!". Como já sabemos que o texto pretende gerar efeitos humorísticos, vemos que o locutor faz um jogo com a polícia federal e o vendedor de bilhetes da loteria federal. O humor estabelecido pela substituição dos sentidos e dos referentes só é compreendido se, além do conhecimento linguístico, ativarmos o conhecimento de mundo sobre a corrupção que ocorre na cidade de Brasília, onde se concentra a sede do governo federal. O que nós temos, então, é a ativação dos três tipos de conhecimento para a interpretação do texto.

Vejamos outro exemplo: a expressão "esculhambador-geral da República" é, naturalmente, confrontada com outra expressão: "procurador-geral da República". O nosso conhecimento lexical, associado ao conhecimento de mundo que temos do cargo referido, informa-nos que a última expressão está associada à figura de alguém sério, preocupado em defender os interesses da nação. Na crônica, em virtude de sabermos que se trata de um texto humorístico, é possível interpretar o "esculhambador-geral" como aquele que faz graça com tudo, sem respeitar limites, e que termina por não realizar bem o papel que lhe compete. E a crônica de José Simão pode fazer isso nesse espaço, porque a interação que se estabelece em torno desse texto permite o deboche, que já é, de antemão, compactuado pelo possível leitor.

Os exemplos dados aqui são meramente ilustrativos. Para o texto todo, é preciso integrar os sistemas de conhecimento, a fim de promover uma efetiva compreensão do que se lê. No final das contas, a análise desse texto tem o propósito de comprovar o que foi dito no final da primeira seção: "o texto é um evento comunicativo em que estão presentes os elementos linguísticos, os fatores cognitivos e sociais".

2.1. Tipos de contexto

Para atribuir sentidos a um texto, vimos que é preciso mobilizar vários conhecimentos. Compreendemos a importância dos elementos linguísticos presentes na superfície textual (chamada de *cotexto*) na forma de organização do texto; ao mesmo tempo, já sabemos que os sentidos não existem nas palavras em si, mas são construídos na interação locutor-texto-interlocutor.

Já que o sentido não está somente nas palavras, onde mais ele estará? Nos diversos contextos. De modo prático, podemos definir o contexto como "tudo aquilo que, de alguma forma, contribui para ou determina a construção do sentido" (Koch e Elias, 2006: 59).

Imaginemos a seguinte situação: um biólogo foi incumbido de estudar os *icebergs* na Antártida. Chegando lá, ele fica impressionado com a beleza e o tamanho dos blocos de gelo. Não se contentando, resolve chegar bem mais perto para verificar com mais acuidade o tamanho, a composição, a estrutura, entre outras coisas. Só que ele percebe que o que aparece aos seus olhos é apenas uma pequena parte do imenso *iceberg* que se estende debaixo das águas.

Semelhante ao pesquisador, quando lemos um texto, somos orientados pelas palavras, que nos oferecem um contexto explícito – o cotexto –, entretanto temos que ativar inúmeros outros conhecimentos armazenados na memória para construir o sentido do texto. Essa metáfora do *iceberg* tem sido muito lembrada nos estudos que se ocupam das definições de texto. A ponta do *iceberg* seria, portanto, o que estaria explícito na superfície do texto: palavras, frases, organizações sintáticas, articulações coesivas, elementos paralinguísticos etc.; a porção submersa do *iceberg* corresponderia a muitos conhecimentos implícitos que precisam ser acionados, pelo interlocutor, para completar a unidade de sentido do texto. Essas informações em conjunto constituem os diversos contextos que entram em ação quando vão se configurando os sentidos de um texto para cada interlocutor, isto é, quando se vai constituindo a coerência textual.

3. Coerência textual

Certamente, sempre que alguém produz um texto, em qualquer modalidade, tem a intenção de se fazer entender, ou seja, de ser coerente para seus possíveis destinatários. Todo texto tem, portanto, a sua coerência. Ocorre, porém, que alguns trechos ou aspectos podem apresentar problemas de incoerência apenas local, aquela que se verifica somente em algumas partes do texto.

Passemos, agora, a entender como se constrói esse importante tema da Linguística Textual.

Vamos iniciar nossa discussão com a canção a seguir, que, à primeira vista, poderia parecer um texto incoerente, desconexo. Mas veremos que, embora aparentemente desarticuladas, as partes que a compõem estão todas relacionadas ao tópico central do texto (não explícito, mas inferível): as perguntas normais e corriqueiras de uma criança curiosa.

Exemplo 8

Oito anos
(Dunga/Paula Toller)

Por que você é flamengo
E meu pai botafogo?
O que significa
"impávido colosso"?
Por que os ossos doem
Enquanto a gente dorme?
Por que os dentes caem?
Por onde os filhos saem?

Por que os dedos murcham
Quando estou no banho?
Por que as ruas enchem
Quando está chovendo?

Quanto é mil trilhões
Vezes infinito?
Quem é Jesus Cristo?
Onde estão meus primos?

Well, well, well
Gabriel...
Well, well, well, well...

Por que o fogo queima?
Por que a lua é branca?
Por que a terra roda?
Por que deitar agora?

Por que as cobras matam?
Por que o vidro embaça?
Por que você se pinta?
Por que o tempo passa?

Por que que a gente espirra?
Por que as unhas crescem?
Por que o sangue corre?
Por que que a gente morre?

Do que é feita a nuvem?
Do que é feita a neve?
Como é que se escreve
Ré... vei... llon

(Disponível em: <http://letras.terra.com.br/adriana-calcanhotto/91827/>. Acesso em: 12 dez. 2011.)

A canção é formada por apenas um conjunto de frases interrogativas supostamente sem ligação entre si. No entanto, não se trata de um texto sem coerência. O título da canção, "Oito anos", indica para o leitor que o tema, ou tópico, do texto se relaciona com o que prevemos ser passível de acontecer com crianças de oito anos. Essa indicação é fundamental para congregar as perguntas "soltas" uma após a outra. Se o leitor for informado de que o texto é composto por uma "lista" de perguntas que Gabriel, com oito anos de idade, filho de Paula Toller, fazia à mãe, atribuirá uma unidade de coerência ainda maior ao texto.

Portanto, um texto será bem compreendido quando avaliado sob o ponto de vista pragmático, que tem a ver com a atuação comunicativa; sob o ponto de vista semântico-conceitual, que diz respeito à sua coerência; e sob o aspecto formal, que concerne à sua coesão.

Halliday e Hasan (1976) se baseiam num critério semântico-discursivo quando afirmam que a coesão se verifica sempre que, para se interpretar um elemento no texto, recorre-se à interpretação de um outro. A coesão é, portanto, uma espécie de articulação entre as formas que compõem e que organizam um texto, ajudando a estabelecer entre elas relações de sentido.

O texto não pode ser concebido somente do ponto de vista do sistema linguístico, ou seja, privilegiando aspectos sintáticos e semânticos, em detrimento dos aspectos pragmáticos, das mais diversas situações de uso. Também não se pode pensar o texto como um objeto material, ou como uma superfície linear na qual os sentidos se acham organizados. Para tomá-lo como unidade de análise, é preciso, necessariamente, considerar mais do que a sua tessitura, pois um conjunto de contextos e de conhecimentos (linguísticos, cognitivos, interacionais) está envolvido no processo da (re)construção dos sentidos que se empreende durante a compreensão e a produção de um texto.

Essa perspectiva, no entanto, dá a entender que a coerência se reduz à unidade de sentido que se abstrai somente das articulações entre as partes do texto. Hoje, a noção de coerência engloba não apenas a unidade semântica, mas também, e especialmente, todas as inferências que precisam ser feitas para que os sentidos sejam construídos.

As inferências envolvem processos cognitivos que relacionam diversos sistemas de conhecimento, como o linguístico, o enciclopédico e o interacional. Esses conhecimentos entram em ação no momento em que articulamos as informações que se encontram na superfície textual (o cotexto) com outras que se acham armazenadas em nossa memória, acumuladas ao longo de nossas diversas experiências. É a partir dessas deduções que preenchemos várias lacunas deixadas pelo cotexto e fazemos antecipações, levantamos hipóteses sobre os sentidos do texto. Essas inferências dependem, por sua vez, de um conjunto de fatores, como o grau de formalidade, o gênero textual, os conhecimentos dos interlocutores, a situação comunicativa específica em que se dá o texto etc.

Na verdade, a coerência não está no texto em si; não nos é possível apontá-la, destacá-la ou sublinhá-la. Ela se constrói a partir do cotexto e dos contextos, numa dada situação comunicativa, na qual o leitor, com base em seus conhecimentos sociocognitivos e interacionais e na materialidade linguística, confere sentido ao que lê.

As piadas, por exemplo, normalmente não expressam todas as explicações para que se entenda a relação que está tentando promover entre os conteúdos. A estratégia do gênero piada é justamente quebrar expectativas, muitas vezes deixando fendas abertas para que o leitor complete com seus conhecimentos de mundo, como se pode ver neste exemplo.

Exemplo 9

O Manuel vai até seu chefe (português também):
– Chefe, nossos arquivos estão abarrotados. Será que nós não poderíamos jogar fora as pastas e documentos com mais de vinte anos???
– Ótima ideia! Mas antes tire uma cópia de tudo.

(Disponível em: <http://www.frasesepensamentos.org/portugal.htm.> Acesso em: 12 dez. 2011.)

Imagine se todas essas explicações tivessem que ser explicitadas, e não inferidas do texto:

- Por que você acha que o personagem se chama Manuel? Que ligação o autor da piada faz entre o episódio que ocorre nessa narrativa e o personagem?

- Por que o chefe pede para que seja tirada uma cópia de tudo?

Mesmo quando se tem o propósito deliberado de juntar possíveis incoerências, já se está tentando dar um tipo de coerência ao texto, como no exemplo a seguir.

Exemplo 10

> Toda regra tem exceção.
> Isto é uma regra.
> Logo, deveria ter exceção.
> Portanto, nem toda regra tem exceção.
>
> (Disponível em: <http://www.zebisteca.com.br/6084/piadas/infames/toda-regra-tem-excecao-isto>. Acesso em: 12 dez. 2011.)

Podemos concluir que **a coerência é um princípio de interpretabilidade**, ou seja, a coerência de um texto não se manifesta apenas através da decodificação de seus elementos linguísticos, mas de uma série de fatores extralinguísticos e pragmáticos inerentes à construção de sentidos. Tais conhecimentos são acionados, sempre, durante a interação, e variam de acordo com cada situação comunicativa.

Vimos até aqui que o(s) sentido(s) de um texto depende(m) de vários fatores (linguísticos, cognitivos, socioculturais, interacionais). Se todos esses fatores interferem na construção de sentido(s) do texto, é correto afirmar que há textos incoerentes?

Essa é uma questão que divide os linguistas: alguns afirmam que sim, que há o não texto ou o texto sem sentido algum. É o que defendem Beaugrande e Dressler (1981), quando dizem que um texto incoerente é aquele em que o receptor (leitor ou ouvinte) não consegue descobrir qualquer continuidade de sentido, seja pela discrepância entre os conhecimentos ativados, seja pela inadequação entre conhecimentos e o seu universo cognitivo. De acordo com essa posição, temos também Marcuschi (1983), que defende a existência de textos incoerentes.

Já outros autores afirmam o oposto: não há textos incoerentes, todos os textos seriam, em princípio, aceitáveis. Afinal, quem se ocuparia em produzir algum texto para não ser alcançado, em alguma medida, pelos possíveis interlocutores? É o que também defende Charolles ([1978] 1988) em seu estudo sobre problemas de coerência textual. Para esse autor, há textos incoerentes apenas quando houver inadequação à situação de comunicação, levando em conta intenção comunicativa, objetivos, destinatário, regras socioculturais, outros elementos da situação, uso dos recursos linguísticos etc. Caso contrário, o texto será coerente, ainda que apresente problemas de coerência local.

4. Os fatores de textualidade

Uma atividade inerente à função do professor de língua portuguesa é a correção textual. Quando bem realizada, a correção avalia e intervém no que diz respeito à coerência do texto do aluno. Independentemente de aceitarmos que um texto nunca seja completamente incoerente, o fato é que muitos textos podem apresentar quebras localizadas de coerência, o que prejudica a qualidade do produto como um todo. Uma boa ferramenta para avaliar as quebras localizadas de coerência são as metarregras formuladas por Charolles (1988) e disseminadas, no Brasil, por Costa Val (1999). Vejamos cada uma delas.

• *Continuidade*
A continuidade é um dos principais requisitos de coerência. Ela se garante pela retomada de elementos e ideias no decorrer do texto. Tais repetições conferem unidade ao texto, pois um dos fatores que fazem com que se perceba um texto como um todo único é a permanência, em seu desenvolvimento, de elementos constantes. Essa noção de continuidade aparecerá, nesta obra, no capítulo "Tópico discursivo", como manutenção de um tópico central. Observe o exemplo 9 e veja que o tema, ou tópico, continua do começo ao fim girando em torno da ideia de preservação de documentos e da imagem caricaturesca do português parvo. Com isso, podemos dizer que o exemplo 9 atende ao princípio de continuidade temática, importante, mas não essencial, à coerência de um texto. Sustentamos que não é essencial porque nem todo texto se circunscreve a um tópico único. Como veremos nas conversações coloquiais, por exemplo, o tópico pode mudar constantemente, e isso não torna o texto incoerente.

• *Progressão*
Além da retomada de conceitos, é preciso que o texto apresente novas informações a respeito dos elementos retomados. São esses acréscimos que fazem o sentido do texto progredir. A progressão é obtida a partir da adesão de novos conceitos e informações aos elementos responsáveis pela continuidade. Observe como no excerto de uma reportagem, a seguir, vários dados vão sendo acrescidos ao tópico "vitaminas B e metionina ajudam a prevenir o câncer de pulmão". A riqueza de informações é um traço típico do gênero reportagem, e o conhecimento interacional do leitor já espera encontrar ali uma progressão temática eficaz.

Exemplo 11

Vitaminas B6, B9, B12 e metionina previnem câncer de pulmão

Da Agência USP de Notícias

Dieta rica em vitaminas B6, B9 (folato) e B12 e em metionina – um dos 20 tipos de aminoácidos existentes – é eficaz na proteção do organismo contra o câncer de pulmão. Segundo pesquisas da Faculdade de Saúde Pública da USP (Universidade de São Paulo), essas substâncias ajudam a prevenir a doença, pois atuam na frente cancerígena que não está relacionada apenas a mutações genéticas. Além das causas mais conhecidas da doença, como alterações genéticas, poluição do ar ou fumo, duas outras vias podem aumentar seu risco de incidência: a alteração nos padrões de metilação dos genes e o baixo nível de síntese de nucleotídeos – unidades que formam o DNA. "É nesses dois caminhos que as vitaminas irão atuar", explica a pesquisadora Valéria Troncoso Baltar, doutoranda em Saúde Pública na FSP.

A metilação do DNA consiste na adição do radical metil – um átomo de carbono ligado a três átomos de hidrogênio (CH3) – aos genes. "Ela é necessária porque atua na manutenção, regulação e integridade do código genético", afirma Valéria. Porém, a metilação em padrões inadequados, em excesso ou em falta, tem efeito cancerígeno.

O consumo das vitaminas em níveis satisfatórios mantém os padrões adequados de metilação porque elas atuam no ciclo de remetilação. Tal ciclo trabalha em equilíbrio com os aminoácidos metionina e homocisteína, que por meio de processos químicos se transformam um no outro. Se o equilíbrio for rompido, o nível adequado de metilação do DNA também é afetado e isso pode desencadear o câncer. Segundo Valéria, este ciclo "pode ser quebrado pela falta de vitaminas B6 e B12 e do folato", o que justifica a alimentação balanceada.

Os estudos também mostram que, quanto maior a presença de metionina no organismo, menor é a verificação da incidência de câncer de pulmão. Assim, a própria ingestão direta desse aminoácido também é benéfica na prevenção da doença.

> As principais fontes de vitamina B6 são cereais e grãos, enquanto vitamina B12 e aminoácido metionina são encontrados em carnes e produtos lácteos. Folhas verdes escuras e feijões são fontes de vitamina B9 (folato).
>
> (Disponível em: <http://noticias.uol.com.br/ultnot/cienciaesaude/ultimasnoticias/2010/07/09/vitaminas-b6-b9-b12-e-metionina-previnem-cancer-de-pulmao.jhtm>. Acesso em: 09 jul. 2010.)

- *Não contradição*

A não contradição deve ser respeitada tanto no âmbito interno quanto no externo (relações do texto com o mundo a que se refere). Para ser internamente coerente, o texto precisa respeitar princípios lógicos elementares. Suas ocorrências não podem se contradizer, têm que ser compatíveis entre si. Por exemplo, não se pode narrar um fato e desconsiderar certas informações posteriormente. Nem é válido defender um ponto de vista em determinado momento e depois negá-lo, sem justificar a mudança de posicionamento.

Externamente, o texto não pode contradizer o mundo a que se refere, seja este o mundo real ou fictício. Em outras palavras, o mundo textual tem que ser compatível com o mundo que o texto representa em um dado gênero. O mundo representado por um texto não precisa ser necessariamente o mundo real. Um texto não apresenta contradição por ir contra a realidade: ele apresenta contradição se for contra a realidade do mundo textual representado.

Nas fábulas, por exemplo, é perfeitamente coerente que os animais falem e ajam como humanos, já que esse mundo textual permite isso. Em notícias de jornal, gênero em que o mundo textual é o real, será contraditório relatar, por exemplo, que uma criança de dois anos levantou, sozinha, um ônibus de verdade.

- *Articulação*

A articulação se refere à maneira como os fatos e conceitos apresentados no texto se encadeiam e se organizam, ou seja, como se relacionam uns com os outros. Portanto, para que um texto seja articulado, é preciso que suas ideias tenham a ver umas com as outras; é preciso estabelecer tipos específicos de relação entre elas. Para manter a articulação textual, é necessário, muitas vezes, utilizar conectivos adequados, mas é possível também não usar conectivo algum, deixando apenas implícita a relação de sentido que o conector explicitaria.

Quando o professor corrige um texto, deve procurar avaliá-lo a partir das questões sugeridas abaixo. Não estamos defendendo, com isso, que somente os quatro critérios descritos são responsáveis, sozinhos, pela coerência de um texto, pois os sentidos e as referências são construídos na interação locutor-co(n)texto-interlocutor. Mas, sem dúvida, são parâmetros úteis para a avaliação de aspectos da coerência textual:

- O texto apresenta continuidade? As ideias e conceitos estão presentes ao longo de todo o texto?
- O texto apresenta progressão? Em algum momento, há repetição de uma ideia ou fato, sem acrescentar nada de novo?
- O texto consegue ser não contraditório? Em algum momento se nega o que foi afirmado anteriormente ou vice-versa? Desconsiderou-se algum fato anterior de modo a contrariar o que está sendo dito agora? De alguma maneira, foi violado o mundo textual que se pretendeu representar?
- O texto está articulado? Suas partes estão localizadas corretamente? Há algo em excesso? Há algo que falta para que o leitor compreenda bem a ligação de uma ideia com outra?

A partir do exemplo a seguir, vamos demonstrar como podemos analisar somente os fatores de coerência sugeridos por Costa Val (1999).

Exemplo 12

O pensamento positivo faz milagre
(16 de outubro, dia da Santa Edwiges)

Beije alguém que você ama muito ao receber esta carta, ainda porque ela veio trazer sorte. A carta original está em uma igreja na Inglaterra. Esta carta roda o mundo todo em 9 (nove) meses. Agora a sorte foi enviada para você; ao receber terá muita sorte. Pelo correio ou pessoalmente, entregue as cópias, não mande dinheiro, pois a felicidade não tem preço. Envie paz, amor e saúde. Não guarde: esta carta deverá sair de suas mãos em 96 (noventa e seis) horas. Um oficial do exército americano recebeu noventa mil dólares inesperadamente. Norma recebeu duzentos e quarenta e nove mil dólares e Fhelip Geinen recebeu a carta e não ligou para ela, perdeu a esposa em seis meses. Envie 20 (vinte) cópias e observe o que acontecerá nos próximos 4 (quatro) dias.
Esta corrente de bons pensamentos e desejos positivos torna a vida mais fácil. Ainda mais que o mundo inteiro conhece, e isto não é superstição: é uma verdade. Aguarde, tenha fé e se surpreenda. Esta carta foi enviada da Venezuela e deve circular o mundo todo. Não é brincadeira ou superstição: é uma corrente que lhe trará sorte nos próximos dias. No Brasil, Nobre Constante Dias recebeu a carta em 1993, mandou a secretária fazer as cópias e recebeu vinte milhões na loteria. Carlos Mancini, funcionário público, recebeu a carta e guardou por mais de 96 horas em seu poder, perdeu seu emprego. Ao lembrar-se da carta, distribuiu as cópias e em treze dias arrumou um novo emprego melhor que o anterior. Dalas Anaia recebeu a carta e jogou fora, perdendo tudo que tinha. A sorte chegou para você; não guarde nem ignore o conteúdo desta carta, por amor a você mesmo. Acredite! Lembre-se: esta carta forma uma corrente energética extremamente forte. A carta funciona mesmo; mando com muito amor.

(Salve Santa Edwiges)

(Fonte: Texto sem identificação do autor.)

Vejamos algumas quebras de coerência local no texto:
Quebra de continuidade: o início do texto sugere que se beije alguém, mas esse tema não é continuado no texto; a informação de que a carta original está numa igreja na Inglaterra não é retomada (no final das contas, para os dois exemplos mencionados, fica-se sem saber qual a sua relevância no plano geral do texto, porque nenhum deles é devidamente continuado). Além disso, no primeiro parágrafo fala-se em "as cópias" como se isso estivesse retomando algo que já teria aparecido no texto; e a informação "não mande dinheiro" dá a entender que já se tinha dado algum conselho que pudesse fazer o leitor pensar que deveria enviar dinheiro, só que isso não é verdade.
Quebra de progressão: repete-se, desnecessariamente, que a corrente não é superstição. E também se repete que a carta deve rodar o mundo todo.
Contradição: fala-se que a felicidade não tem preço, mas quase todos os exemplos de pessoas que enviaram ou não as cópias envolvem dinheiro.
Quebra de articulação: a organização dos parágrafos não respeita o limite de assunto (ver, por exemplo, o último parágrafo, que trata de vários assuntos ao mesmo tempo). No segundo parágrafo, descrevem-se situações de pessoas que entraram em contato com a carta. Em seguida, esse assunto é suspenso, para só voltar no quarto parágrafo. Além disso, a não progressão das ideias, devido à baixa informatividade, articula mal os subtópicos, na medida em que eles aparecem e retornam após algum dado ilustrativo.

Todos esses exemplos apontam para quebras localizadas de coerência, que, sem dúvida, prejudicam a eficácia comunicativa do produto final.

Ao longo deste capítulo, falamos várias vezes dos processos sociocognitivos que são fundamentais para construir a coerência do texto, porque ela se elabora na contínua interação locutor-co(n)texto-interlocutor. Mas, afinal, de onde vem o termo sociocognição e o que ele quer dizer?

FAÇA COM SEUS ALUNOS

Atividade 1

Objetivo: refletir sobre o entrecruzamento dos tipos de conhecimento na compreensão do texto para levar o aluno à construção do sentido.

Com base no que vimos até o momento, discuta com seus ou suas colegas como os tipos de conhecimento se inter-relacionam quando são ativados no processo de compreensão dos sentidos do texto abaixo.

(Disponível em: <http://www.portaldapropaganda.com/comunicacao/2009/03/0011>. Acesso em: 12 dez. 2011.)

Atividade 2

Objetivo: ajudar o aluno a entender que é nas entrelinhas, decifradas com os conhecimentos que trazemos, que muitas vezes se constrói o sentido do texto, tornando-as essenciais no processo de compreensão textual.
Leia o texto a seguir e responda o que se pede.

E.C.T.
(Nando Reis, Marisa Monte, Carlinhos Brown)

Tava com um cara que carimba postais
Que por descuido abriu uma carta que voltou
Levou um susto que lhe abriu a boca
Esse recado veio pra mim, não pro senhor.

Recebo crack, colante, dinheiro parco embrulhado
Em papel carbono e barbante, até cabelo cortado
Retrato de 3 x 4 pra batizado distante
Mas isso aqui meu senhor, é uma carta de amor

4x
Levo o mundo e não vou lá

Mas esse cara tem a língua solta
A minha carta ele musicou
Tava em casa, a vitamina pronta
Ouvi no rádio a minha carta de amor

Dizendo "Eu caso contente, papel passado, presente
Desembrulhado, vestido, eu volto logo me espera
Não brigue nunca comigo, eu quero ver nossos filhos
O professor me ensinou, fazer uma carta de amor"

4x
Leve o mundo que eu vou já

(Disponível em: <http://letras.terra.com.br/nando-reis/74261/>. Acesso em: 12 dez. 2011.)

- "O que faz sentido" e "o que não faz sentido" para você na letra dessa canção?
- Que conhecimentos você utilizou para perceber "o que faz sentido" na canção?
- Que inferências a letra permite que o leitor faça?
- Que aspectos causam mais dificuldade de compreensão do texto?

Atividade 3

Objetivo: levar o aluno à percepção de trechos incoerentes presentes nos textos.

Analise o texto a seguir com base no conceito de coerência estudado em sala. Em que parte há quebra de sentido? Por que isso ocorre? O que o autor do texto poderia ter feito para que o leitor obtivesse uma melhor interpretação?

Dinheiro em extinção

A cada dia que passa no Brasil, a sobrevivência vem se tornando cada vez mais difícil.

O dinheiro parece então um passaporte para a felicidade, pois aparece tão pouco em nossos bolsos que já se torna algo em extinção.

O alimento algo tão sagrado e necessário está ficando caro e sem condições do ser humano manter.

O povo trabalhador tem desejos de sair comprar uma calça, um sapato, enfim coisas que não são supérfluas.

Pois como o homem conseguirá emprego se não estiver bem-vestido?

Sem falar na saúde no Brasil, que é decadente, o povo não tem condições de pagar um plano de saúde e os postos de saúde pública estão uma vergonha, pura desordem e falta de higiene.

Antigamente, todos tinham dinheiro para sair com sua família no final de semana; hoje nem combustível tem para pôr no carro e quem não tem carro não tem renda para pagar passagem de ônibus.

A população brasileira está se tornando máquinas que não param de trabalhar e no fim do mês recebem migalhas pelo esforço cumprido. O povo brasileiro já se esqueceu de seus sentimentos bons e hoje só há ganância, discórdia, ódio e mágoas.

(Fonte: Texto produzido por aluno pré-universitário).

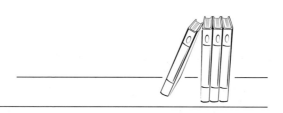

Gêneros discursivos

Este capítulo se propõe a trabalhar o conceito de gênero na perspectiva sócio-histórica e dialógica. Discutimos a respeito da estabilidade que caracteriza os gêneros discursivos, a partir do momento em que há a recorrência de padrões genéricos, tanto no que diz respeito à forma quanto à função, e da mudança, quando os usuários necessitam adaptar as formas convencionadas a novos propósitos que vão surgindo sócio-histórica e culturalmente.

Abordamos também a relação entre suporte e gênero e, por fim, estabelecemos relações entre os estudos da hipertextualidade e os dos gêneros digitais, uma vez que, com o desenvolvimento contínuo das novas tecnologias, novas formas de interação estão ainda se estabilizando, ratificando o pensamento bakhtiniano de que o gênero é, ao mesmo tempo, estabilidade e mudança.

1. Sobre interação, propósitos comunicativos e gêneros discursivos

O conceito de interação, apresentado no primeiro capítulo, é fundamental para que se entendam várias questões relacionadas aos estudos sobre texto e discurso e será muito importante na compreensão do que são os *gêneros do discurso*. Isso porque, em qualquer sociedade, há uma variedade considerável de motivos que fazem os indivíduos interagirem uns com os outros para, por exemplo, informar, persuadir, reclamar, gerar uma ação, solicitar, contar uma história, anunciar, ensinar etc.

Para atingir esses variados objetivos, as pessoas se utilizam de múltiplas possibilidades de interação linguística, em formas específicas e mais ou menos estruturadas, as quais são convencionadas sócio-historicamente, para que as comunicações se realizem de modo satisfatório, pois, do contrário, não teríamos condições de criar formas de interação absolutamente inéditas e nem seríamos compreendidos, caso isso ocorresse.

É nessa perspectiva que se inserem os gêneros discursivos, ou seja, toda interação se dá por algum gênero discursivo que se realiza por algum texto. E o que são gêneros discursivos, afinal? São padrões sociocomunicativos que se manifestam por meio de textos de acordo com necessidades enunciativas específicas. Trata-se de artefatos constituídos sociocognitivamente para atender aos objetivos de situações sociais diversas. Por esse motivo, eles apresentam relativa estabilidade, mas seu acabamento foi (e continua sendo) constituído historicamente.

Para cada um dos diversos objetivos de comunicação, ou melhor, para cada **propósito comunicativo**, o indivíduo possui algumas alternativas de comunicação, com um padrão textual e discursivo socialmente reconhecido, isto é, um **gênero do discurso** que é adequado ao propósito em questão.

Pensemos, por exemplo, em um profissional que lide constantemente com a produção de textos escritos, como uma secretária. Ela deve saber de que gênero do discurso se utilizar, de acordo com os objetivos que lhe são colocados e com a área em que atua. Se precisar, por exemplo, pedir algo a um órgão, público ou privado, deverá saber qual o gênero mais adequado para essa finalidade, como o *ofício*. Assim, se precisar comunicar algo a outro setor da empresa na qual trabalha, poderá optar por um *ofício circular*; se precisar dar satisfação ao chefe sobre as atividades realizadas em um determinado período de tempo, poderá produzir um *relatório*; já se precisar resumir os pontos-chave de uma reunião importante, poderá redigir uma *ata*, afinal, são esses gêneros os já convencionados para tais fins.

A mesma secretária, interagindo em outra área, a acadêmica, por exemplo, no papel de uma estudante de pós-graduação, constatará que esse novo lugar lhe possibilitará a produção de outros gêneros, diferentes dos produzidos em seu ambiente de trabalho, ainda que os propósitos possam se assemelhar. Para pedir uma *declaração* ou um *histórico*, por exemplo, ela deverá fazê-lo por meio de um *requerimento*, não de um ofício, uma vez que o ofício só é expedido de uma instituição para outra, ou de um setor da instituição para outro. Um indivíduo, na condição de aluno, não pode, então, emitir um ofício, mas a coordenação do curso a que ele pertence pode.

Imagine-se que, na qualidade de aluna de um curso de pós-graduação, a referida secretária peça ao coordenador um documento que comprove que ela está regularmente matriculada nesse curso desde um dado semestre letivo. O documento apropriado para essa situação pertenceria ao gênero *declaração*, que poderia apresentar uma padronização semelhante a esta:

> ▷ DECLARAÇÃO
>
> ▷ Declaramos, para os devidos fins, que (NOME DA ALUNA), matrícula nº XXXXXX, é aluna regular do curso de Mestrado em XXXXXXXX deste programa desde março de 2010.
>
> ▷ Local, dia mês, ano.
>
> ▷ (NOME DO COORDENADOR)
> ▷ Coordenador do Programa de Pós-Graduação em...

Haverá também gêneros cuja estrutura e propósito são exclusivos do domínio acadêmico, tais como os resumos, as resenhas, os artigos científicos, os seminários, as comunicações em eventos etc. Desse modo, para cada situação em que essa secretária precisar interagir, ela inevitavelmente produzirá textos que pertencem a determinados gêneros do discurso, como os citados aqui.

Como vimos, o propósito comunicativo é muito importante para a configuração de um gênero, mas há outros fatores que vão determinar a sua escolha e constituição. Se pensarmos no propósito de "ensinar alguém a fazer algo", perceberemos que ele pode ser efetivado sob diferentes maneiras, que podem ser uma aula expositiva, uma receita ou um manual de instruções.

Isso nos leva a considerar que os gêneros se diversificam de acordo com a situação imediata de comunicação, os elementos socioculturais historicamente constituídos, bem como as necessidades específicas solicitadas por certas condições associadas à modalidade (oralidade ou escrita), ao grau de formalismo, à possibilidade de participação simultânea dos interlocutores, entre outros aspectos.

De acordo com Bakhtin (2003), os gêneros discursivos surgem para atender a uma determinada função: técnica, cotidiana, científica... Eles são criados, firmados e compartilhados entre os membros de uma esfera de comunicação humana – administrativa ou acadêmica, para lembrar o exemplo citado com nossa secretária, mas também jurídica, jornalística, publicitária etc. Esse compartilhamento é muito importante, pois viabiliza e efetiva nossas interações, como se pode constatar com o anúncio publicitário a seguir:

Exemplo 1

(Disponível em: <http://www.jovenscriativos.com.br/files/imagecache/blogImg/files/Tracker_sal%>. Acesso em: 24 fev. 2008.)

O público que tem acesso a revistas e a jornais facilmente encontrará anúncios de automóveis como o mostrado acima. Gêneros como esse são produzidos por profissionais da área da publicidade com um propósito comum – o de promover/vender um produto, um serviço, uma ideia, por meio de propagandas televisivas, *spots* etc. Além disso, situa-se em uma esfera da comunicação humana, por ser gerado a partir do discurso publicitário, o qual é bastante inovador e rompe frequentemente com modelos cristalizados.

Diferentemente da instabilidade que caracteriza os gêneros dessa esfera, na instância jurídica, os gêneros tendem a ser mais estáveis, tanto do ponto de vista formal/estrutural quanto do funcional, tal como o exemplo a seguir:

Exemplo 2

**UNIVERSIDADE ......
PRÓ-REITORIA DE PESQUISA E PÓS-GRADUAÇÃO
COORDENADORIA DE ENSINO DE PÓS-GRADUAÇÃO**

Fortaleza, 17 de novembro de 2012.

Ofício n° XXXX/2012

Sr. coordenador

Tendo em vista os recorrentes atendimentos a alunos de Programas de Pós-Graduação *stricto sensu*, que procuraram a Pró-Reitoria de Pesquisa e Pós-Graduação, após receberem da Divisão Médica e Odontológica da Universidade ...., a autorização para Regime Especial, informamos o que se segue:

a- O Regime Especial concedido pela Divisão Médica e Odontológica deve ser cumprido pela coordenação do programa, estabelecendo-se com o aluno a forma de operacionalização mais adequada;

b- Este tipo de licença médica não autoriza trancamento de matrícula conforme determina o parágrafo único do art. 36 das Normas dos Cursos de Pós-Graduação *Stricto Sensu* ...., e sim o que consta do formulário Solicitação de Trancamento Total de Matrícula ou de Regime especial atesto que o (a) aluno (a) está impedido de acompanhar as atividades letivas, no período de .... a ...., conservadas as condições de aprendizagem, pelo motivo abaixo indicado:

1. Doença   2. Gestação

Consequentemente, o prazo para conclusão do curso de alunos em Regime Especial não é prorrogado, devendo o mesmo ser concluído dentro do estabelecido: máximo de 30 meses para o mestrado e de 60 meses para o doutorado.

Cordialmente,

T....... de ....
Coordenadora de Ensino de Pós-Graduação

Em documentos oficiais, por se tratar de um campo bastante institucionalizado, é natural que os gêneros que ali circulam sejam menos flexíveis, como o ofício ilustrado, que poderia apresentar pouquíssimas variações na sua estrutura. Assim como o ofício, vários gêneros da esfera da comunicação jurídica também apresentam uma estrutura mais rígida, como a petição, a sentença, os pareceres, os memoriais, as súmulas etc.

Os gêneros discursivos são, simultaneamente, formas estabilizadas (ou seja, regulares, passíveis de estruturação) e instáveis (ou seja, passíveis de sofrerem mudanças). Os gêneros são estáveis porque resultam de atividades sociais que são reiteradas ao longo do tempo. A repetição de determinados propósitos comunicativos gera formas de comunicação que terminam por se consagrar, mas que, a depender das práticas sociais e das convenções impostas pelo meio em que circulam, podem sofrer mais variações, ou menos. Há gêneros discursivos da mídia eletrônica, como os e-mails pessoais, por exemplo, que podem se apresentar conteúdos dos mais diversos, mas que preservam a estrutura fixada pelo gênero no meio digital. Comparemos os três exemplares a seguir:

Exemplo 3

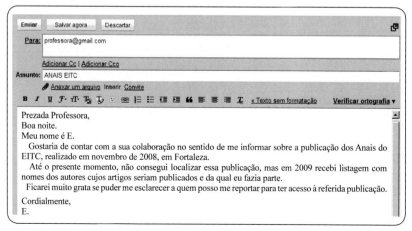

Exemplo 4

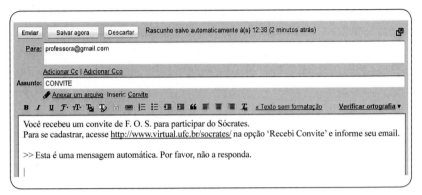

Exemplo 5

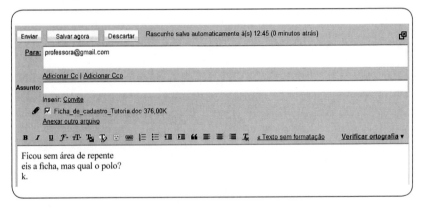

Observe-se que, dependendo do grau de familiaridade entre os interlocutores, do propósito comunicativo do enunciador, do destinatário da mensagem (que pode ser mais de um) e de inúmeros outros fatores contextuais específicos, o conteúdo do e-mail pessoal pode se configurar de diferentes modos. Pode haver mensagens extremamente sucintas, com uma única palavra, ou com apenas um símbolo, ou com uma imagem apenas.

Por outro lado, os gêneros são instáveis também no sentido de que passam por modificações, no decorrer do tempo e diante de situações que possibilitem alterações em alguma de suas características (estrutura, conteúdo, suporte, estilo etc.) para atingirem suas finalidades. Isso acontece sempre que novas necessidades podem demandar adaptações, em algum aspecto temporariamente estabilizado de algum gênero discursivo. Logo, os gêneros podem sofrer transformações, em virtude das mudanças nos propósitos comunicativos e/ou no contexto sociocultural.

Desse modo, cada vez que interagimos por meio de gêneros socialmente convencionados, recorremos a um padrão ao qual devemos adequar nossa mensagem, ainda que não se trate de mera reprodução de um modelo. O reconhecimento do gênero por parte do interlocutor, por sua vez, facilitará a compreensão do propósito comunicativo no momento em que ele identificar o gênero a que a mensagem pertence.

Outro aspecto interessante com relação aos gêneros discursivos diz respeito ao modo como os aprendemos e os utilizamos. Considerando que os usuários dos gêneros assumem papéis e responsabilidades que variam conforme o meio social no qual um gênero específico é produzido, tem-se que, enquanto os gêneros cotidianos são aprendidos espontaneamente, como as saudações, outros gêneros, como os acadêmicos, exigem um processo de aprendizagem mais formal, que envolve não só a produção dos gêneros em seu aspecto textual estrito, mas também a consideração de suas funções discursivas.

Afora isso, há gêneros que só podem ser produzidos por pessoas especializadas, que têm autoridade para tal, pois, do contrário, o texto produzido poderá não ter validade, fato comum na esfera jurídica. Um acórdão jurídico, por exemplo, permite que os papéis sociais desempenhados pelos operadores do Direito fiquem mais latentes e só podem ser expedidos por profissionais dessa área. O gênero só terá validade se houver a nomeação de um relator, função desenvolvida geralmente por desembargadores da turma de julgamento. Esse relator é o portador da voz da instituição, portanto, "é tido pelo próprio meio jurídico como o principal enunciador no discurso do acórdão" (Catunda e Soares, 2007: 129).

2. A relação entre suporte e gênero do discurso

Muitos gêneros estão intrinsecamente relacionados a algo que os apresenta. Essa entidade que veicula o gênero é designada, nos estudos do texto e do discurso, por suporte, elemento que auxilia no reconhecimento e até mesmo na escolha de determinado gênero discursivo.

De acordo com Marcuschi (2003: 8), o suporte é um "*lócus* físico ou virtual com formato específico que serve de base ou ambiente de fixação do gênero materializado como texto". Assim, suportes, além de ampararem a mensagem, auxiliam na apresentação e delimitação de um gênero do discurso.

A relação entre gênero e suporte é tão estreita que não raro percebemos a tomada de um por outro. Assim, *folder*, *outdoor*, pôster, panfleto, dicionário são vocábulos que nomeiam suportes de gêneros diversos (programação de evento, anúncio, verbete etc.), mas não chega a ser incomum serem usados para designar gêneros.

Nesse sentido, podemos dizer, por exemplo, que o suporte *folder* é um dos fatores que definem a programação de um *folder*, tanto na apresentação, quanto na formatação e na composição da mensagem, uma vez que esta deve se adaptar a sua superfície física.

Qualquer superfície física pode servir para a materialização de um gênero, mas o autor considera que os suportes podem ser convencionais ou incidentais. Os suportes convencionais foram elaborados com a função própria de fixar textos, como papel, papiro, placas de argila etc. Observe-se o exemplo da placa como suporte:

Exemplo 6

(Disponível em: <http://fspike.wordpress.com/2008/07/05/placas-criativas/pic27219/>. Acesso em: 12 dez. 2011.)

Dentre outras funções do suporte placa, está a de dar nome a algum estabelecimento, como vemos no caso anterior.

Já os suportes incidentais ou ocasionais não teriam, em princípio, a função de amparar textos, mas podem, em dadas circunstâncias, cumprir essa finalidade. Vejamos:

Exemplo 7

(Disponível em: <http://blogrevolt.blogs.sapo.pt/arquivo/te%20amo.JPG>. Acesso em: 12 dez. 2011.)

No caso da figura anterior, a areia da praia assume a função de suporte de uma declaração de amor, que também poderia ser encontrada em suportes incidentais como a casca de uma árvore ou na pele do enunciador, inscrita sob forma de tatuagem.

Além de convencionais e incidentais, os suportes podem ser temporários ou permanentes. A declaração de amor do exemplo anterior irá desaparecer quando a primeira onda a lavar, ao passo que uma tatuagem com a mesma mensagem teria duração maior. Isso comprova que o período em que o gênero pode ser veiculado também interfere na natureza e na repercussão comunicativa do suporte.

3. Gêneros digitais e hipertextualidade

Como vimos, sendo os gêneros do discurso tipos relativamente estáveis de enunciados que servem para realizar propósitos comunicativos particulares de uma determinada comunidade, é natural que, dependendo do lugar onde eles se apresentem, haja algumas particularidades as quais, certamente, interferirão na construção do sentido do texto.

Na internet, por exemplo, deparamo-nos com o hipertexto. Como nos diz Xavier (2002: 171), o hipertexto "é uma forma híbrida, dinâmica e flexível de linguagem que dialoga com outras interfaces semióticas, adiciona e acondiciona à sua superfície formas outras de textualidade".

Trata-se, na concepção do autor, de um espaço no qual tem lugar um modo digital de enunciar e construir sentido diferente do que tínhamos nas dimensões do texto impresso, na medida em que os modos de enunciar (visual, auditivo ou verbal) são possíveis por meio de uma determinada tecnologia, a que ele chama de *tecnologia enunciativa*.

Não só por isso, acrescenta o autor, esse modo digital de enunciar integra e sobrepõe todas as formas de expressão, comunicação e interação desenvolvidas e aperfeiçoadas pelos homens ao longo da história, para se relacionar comunicativamente com os outros e com o mundo. Esses vários modos enunciativos, ou seja, as diversas linguagens são reproduzidas em contextos situacionais variados, tal como se pode ver com o exemplo a seguir:

Exemplo 8

(Disponível em: <www.uol.com.br>. Acesso em: 24 maio 2010.)

O exemplo anterior ilustra o fato de o hipertexto estender aos gêneros virtuais propriedades específicas, porque se situa em um ambiente naturalmente misto, híbrido. A página do Universo Online, por exemplo, permite o acesso a vídeos, sons, textos verbais, além de mesclar gêneros num mesmo ambiente, como manchetes e anúncios.

Essa potencialidade de enunciar com sons, vídeos, escrita, nada mais representa do que uma porção da hipertextualidade, limitada pela tela do computador a cada acesso, como diz Lobo-Sousa (2009). A hipertextualidade seria, então, um conjunto multienunciativo de hipertextos, em razão de sua heterogeneidade. Alguns gêneros da internet se aproximam muito do que tínhamos nos gêneros impressos; outros são tão novos que só são encontráveis em ambiente digital on-line.

Em suma, a chegada da internet trouxe também novas formas de comunicação, o que levou ao surgimento de gêneros que ainda hoje estão se estabilizando. Para cada gênero, há particularidades formais e funcionais que interferem diretamente na produção dos sentidos, tanto que formas diferentes de comunicação on-line chamaram a atenção de diversos pesquisadores no Brasil e no mundo.

FAÇA COM SEUS ALUNOS

Atividade 1

Objetivo: a análise e reflexão de gêneros discursivos produzidos em situações autênticas de uso.

Professor, selecione um número considerável de gêneros discursivos produzidos em situações reais de uso, tais como cartas, anúncios, bilhetes, requerimentos, bulas, orações, editoriais, charges, receitas, notícias, cartas-corrente etc. Leve à sala de aula e distribua entre os alunos. Quanto maior for a variedade de exemplares de gêneros distintos, mais produtiva será a atividade. Em seguida, peça para eles analisarem os seguintes aspectos referentes ao(s) texto(s):

1. Que nome se dá ao gênero?
2. Quais as suas características formais?
    - Possui estrutura relativamente padronizada?
    - Há elementos multimodais em sua constituição (imagens, sons etc.)?

- Em que suporte está sendo atualizado? Há outros suportes em que este gênero é veiculado?
3. Quais suas características funcionais?
- Quais os propósitos do gênero?
4. Por quem é produzido? Para quem é dirigido?
5. A linguagem usada é formal ou coloquial?
6. Em que instância é normalmente produzido (escola, imprensa, instituições religiosas etc.)?
7. É possível a produção deste mesmo gênero na modalidade oral?

É importante que os textos coletados estejam em seu suporte original, mas também é válido, por exemplo, imprimir textos veiculados na internet, desde que se preservem traços do meio digital, a fim de discutir também os gêneros digitais. Procure selecionar exemplares que sejam conhecidos, produzidos e utilizados por seus alunos, a fim de que eles percebam os gêneros como instrumentos de comunicação social.

Atividade 2
Objetivo: sobre a configuração dos gêneros no ambiente digital, atentando para a influência dos suportes sobre os gêneros. Analise o exemplo a seguir e faça o que se pede.

| G. S. | 20/03/2010 |

Gostaria de explicações sobre Linearidade e Arbitrariedade dos signos linguísticos dos demais alunos e da Tutora.

| E. C. | 20/03/2010 |

Glaubio pelo que entendi arbitrariedade é quando não há relação da palavra à imagem acústica, isto é, a cadeira só recebeu o nome de cadeira porque alguém chegou e disse que se chamaria cadeira. Já a linearidade tem algo a ver pois quando você ouve o som você associa a imagem acústica.

F. 20/03/2010

concordo com você quando diz sobre arbitrariedade,mas entendo linearidade por uma sequencia,de letras,palavras ou frases que só tem sentido se a seguir-mos,então não existe linearidade.exemplo:a palavra CASA só tem sentido como lugar onde vivemos,se primeiro vier o C,depois o A e sucessivamente,S e A.

A. F. 22/03/2010

É Eliane seu esclarecimento esta muito bem colocado e se observarmos bem a maioria das coisas que nos habituamos a chamar e que temos a idei do que aquilo é, é uma quetão de arbitrariedade.

N. B. 21/03/2010

Glaubio,desde que você era pequeno,conhece o açude aí de Pentecoste.mas o vocábulo"açude"não tem nenhuma relação com o açude que você vê aí.poderia se chamar paredão,mar, etc.Isso ja estava convencionado e instituído mesmo antes de você nascer,talvez.Por não haver relação entre a palavra e o objeto,dizemos que existe uma arbitrariedade.Quando chover aí,escute bem o barulho da chuva: chuá!chuá!chuá! A palavra "chuá" não tem uma relação com o barulho da chuva que você escuta? Então há uma linearidade. Esse é o meu entendimento.Se estou errada,então faço das suas palavras as minhas e tambem peço orientações.

F. 21/03/2010

neuzide,crei que seu exemplo do barulho da chuva é mais um exemplo de não arbitrariedade,e pelo que entendi,não arbitrariedade não quer dizer necessariamente linearidade. linearidade no meu entendimento é como já postei a sequencia das letras,fonemas,palavras e frases,para ter um sentido.

E. F. 21/03/2010
Tutor

Verdade, Francis.
Neuzide, O exemplo que você utilizou faz lembrar o contraditor à arbitrariedade. Saussure afirma que este contraditor poderia se apoiar nas onomatopéias, com suas sonoridades sugestivas.

Com elas, pode-se dizer que a escolha do significante nem sempre é arbitrária. Por exemplo: FOM FOM para as buzinas de veículos automóveis. Observe como a sonoridade é sugestiva e faz lembrar o som de buzinas. Outro bom exemplo seria o TRRRÍÍÍÍ de um despertador. Ficou mais claro?

E. F. 21/03/2010
Tutor

Glaubio,
Lembra os exemplos que eu utilizei em sala? Vamos aos exemplos. Para Saussure o significante é imotivado, ou seja, é arbitrário em relação ao significado, pois não tem uma conexão, relação na realidade. Então, tentarei exemplificar. A ideia de praia não encontra-se diretamente ligada por relação alguma à sequência de sons p-r-a-i-a. Sendo assim, pode ser bem representada por outra sequência, seja ela qual for. E para deixar isso tudo ainda mais claro,para comprovar, basta lembrar da diferença entre línguas (Em inglês, por exemplo, o lexema praia é beach) e até mesmo a própria existência de diferentes línguas.
Ao falar em linearidade Saussure considera que os significantes utilizam-se da linha do tempo e é nela que os elementos apresentam-se uns após os outros, ou seja, um vem após o outro.
Compreendeu agora?

N. B. 22/03/2010

Agora ficou claro,professora.Estava confundindo "não arbitrariedade"com linearidade. A sua intervenção e o exemplo do Francis facilitaram minha aprendizagem.Obrigada.

N. M. 22/03/2010

Obrigada professora ,como sempre muito clara e eficiente em suas explicações!!

K. H. 22/03/2010

Professora Elaine, os melhores exemplos realmente são palavras bem conhecidas no cotidiano como PRAIA, que até já mostrei ao meu filho e que ele concordou com o estudo da palavra, ai ele perguntou: Mamãe e cadeira como explica? Isso nos reforça a curiosidade em conhecer palavras, até então comuns com mais clareza e sentido. Sua forma de explicar faz com que percebamos melhor essas mudanças. Parabéns por esse fórum que considero excelente!

E. F. 21/03/2010
Tutor

Obrigada, meninas! Estou feliz com as participações no fórum!!!

K. H. 22/03/2010
Eu também Glaubio estava com a mesma dúvida comentei com colegas de turma através de mensagens. Mas a explicação da Professora Elaine, ficou bastante clara a diferença entre linearidade e arbitrariedade dos signos linguísticos. Essa nova forma de pensar e conhecer a linguística está me trazendo uma nova linguagem porem ainda um pouco complexa.

(Fonte: EAD, UFC Virtual – Ambiente Solar. Disponível em: <http://www.solar.virtual.ufc.br/>. Acesso em: 5 mar. 2012.)

1) Que nomes você daria a esses eventos comunicativos?

2) Sabe-se que esses gêneros têm relações com gêneros produzidos antes da internet, portanto, longe do suporte digital. O e-mail pessoal, por exemplo, assemelha-se em muitos aspectos à carta. Que semelhanças esses eventos comunicativos em análise guardam com gêneros já existentes? E no que se diferenciam?

3) Que características hipertextuais interferem na configuração desses gêneros?

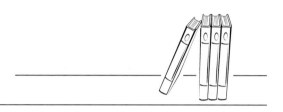

Sequências textuais

Neste capítulo, daremos um importante passo em relação à compreensão do modo como os textos se organizam e se estruturam para realizar nossos atos comunicativos. Analisaremos estruturas que fazem com que reconheçamos se um texto é, por exemplo, do tipo narrativo, descritivo, argumentativo etc. Tratemos, pois, das sequências textuais.

1. A heterogeneidade composicional das sequências textuais

Todo texto é constituído de sequências. Para Bronckart (1999), as sequências textuais são unidades estruturais, relativamente autônomas, organizadas em *fases*, que, por sua vez, podem combinar uma ou mais *proposições*. Essa infraestrutura pode ser observada na figura a seguir.

Como podemos notar na figura, a planificação de um texto é iniciada com uma *proposição*, que pode ser compreendida como unidade de sentido (enunciado). O agrupamento de proposições constitui blocos que formam subunidades semânticas, ou seja, as *fases* de organizações maiores, que são as sequências textuais. As fases apresentam extensão variável, não correspondendo, necessariamente, a um parágrafo.

Cada *sequência textual* constitui uma forma de composição com uma função específica, que pode ser narrar (narrativa), argumentar (argumentativa), descrever (descritiva), orientar os passos de uma instrução (injuntiva), explicar (explicativa ou expositiva) e apresentar uma conversa (dialogal). Em geral, um mesmo texto apresenta diferentes sequências. Aspectos como a extensão, a complexidade e os diferentes propósitos comunicativos indicam que há naturalmente uma inclinação à combinação de sequências textuais, o que torna o texto heterogêneo. Esse fenômeno é chamado de heterogeneidade composicional.

A noção de sequência textual tem origem em Adam (1992), para quem as sequências textuais se definem como uma "rede relacional hierárquica", relativamente autônoma, dotada de uma organização interna formada de um conjunto de macroproposições ("fases", na terminologia de Bronckart), que, por sua vez, se constituem de proposições. Um princípio caro à proposta de Adam é que todo texto apresenta uma *sequência dominante*, em relação à qual se organizariam as demais sequências *dominadas*, ou *inseridas*.

Para verificar a heterogeneidade composicional, cabe-nos identificar as diferentes formas composicionais que estruturam o texto, mas, para reconhecer a sequência dominante, é preciso, a nosso ver, considerar qual é o gênero do discurso a que o texto pertence e quais são os propósitos enunciativos envolvidos.

No exemplo 1, observamos a combinação de duas sequências textuais, a narrativa e dialogal, mas a primeira se sobrepõe a esta última, pois o objetivo do texto é, de fato, contar algo, no caso uma anedota. Trata-se de um evento situado em determinado tempo e um dado espaço, que apresenta uma transformação dos personagens conforme as ações se desenrolam.

Exemplo 1

Salário

Para testar o caráter de um novo empregado, o dono da empresa mandou colocar R$500,00 a mais no salário dele.
Passam os dias, e o funcionário não relata nada.
Chegando no outro mês, o dono faz o inverso: manda tirar R$500,00.
No mesmo dia, o funcionário entra na sala para falar com ele:
— Doutor, acho que houve um engano e me tiraram R$500,00 do salário.
— É? Curioso que no mês passado eu coloquei R$500,00 a mais e você não falou nada.
— É que um erro eu tolero, doutor, mas DOIS, eu acho um absurdo!!!

(Disponível em: <http://www.piadografo.sitebr.net/profissoes2.htm#Salário>. Acesso em: 12 dez. 2011.)

De acordo com os estudiosos, a sequência narrativa é sustentada por um processo de "intriga". Assim, "um todo acional dinâmico" é criado: a história começa com a apresentação de uma situação que é transformada por um fato causador de tensão, seguido de outros, os quais geram modificações, até que um acontecimento específico conduza ao desfecho. Na anedota acima, identificamos a intriga, quando o empresário decide fazer a alteração de R$500,00 no salário do funcionário. No entanto, a transformação esperada, devido a essa ação, não ocorre; a complicação aumenta com o desconto no mês seguinte do valor igual ao acrescentado no anterior. Com isso, a intriga chega ao seu ápice, pois o funcionário vai procurar o empresário para confirmar se houve um engano em relação ao seu salário. A partir daí, começa a resolução, que conduz à situação final.

Assim, mesmo havendo uma sequência dialogal inserida nessa anedota, a narrativa é a sequência dominante. A sequência dialogal concretiza-se "apenas nos discursivos interativos dialogados". Esse discurso pode ser notado quando o funcionário entra na sala para falar com o empresário e usa a expressão "Doutor" para abrir o diálogo; a interação entre os dois prossegue com a discussão de um tema específico, o desconto. O encerramento da conversa é marcado pela expressão de indignação do funcionário. Esse trecho coincide com a situação final da sequência narrativa, que é dominante neste texto, pois a piada caracteriza-se pela breve narração de fatos, cujo final deve ser engraçado e, às vezes, surpreendente, com o propósito de provocar o riso.

2. Classificação e caracterização das sequências textuais

Como vimos, o conteúdo temático de um texto pode ser organizado por meio de seis sequências básicas: *narrativa, argumentativa, explicativa, descritiva, injuntiva* e *dialogal*. Essas sequências desempenham funções específicas, sendo compostas por fases que constituem modelos prototípicos. No entanto, dependendo do propósito comunicativo e das escolhas feitas pelo agente produtor de textos, essas fases podem variar quanto à extensão e ao número de proposições e, ainda, quanto à sua distribuição e à organização no interior da sequência. Vejamos as especificidades de cada uma das sequências textuais.

• *Sequência narrativa*

A sequência narrativa tem como principal objetivo manter a atenção do leitor/ouvinte em relação ao que se conta. Para isso, são reunidos e selecionados fatos, e a história passa a ser desenvolvida, quando a situação de equilíbrio é alterada por uma tensão, que determina transformações e retransformações, as quais direcionam ao final. Prototipicamente, constitui-se de sete fases:

  i) situação inicial – estágio inicial de equilíbrio, que é modificado por uma situação de conflito ou tensão;

  ii) complicação – fase marcada por momento de perturbação e de criação de tensão;

  iii) ações (para o clímax) – fase de encadeamento de acontecimentos que aumentam a tensão;

  iv) resolução – momento de redução efetiva da tensão para o desencadeamento;

  v) situação final – novo estado de equilíbrio;

  vi) avaliação – comentário relativo ao desenvolvimento da história;

  vii) moral – momento de explicitação da significação global atribuída à história.

Confira, no exemplo 2, as fases que compõem uma sequência narrativa:

Exemplo 2

O trapezista

Um velho trapezista de circo dedicava-se a formar jovens acrobatas. (**Situação inicial**) Um grupo de alunos, após vários meses de treinamento intenso, tinha agora que enfrentar o teste principal: seu primeiro salto no trapézio a 15 metros de altura. Um a um, os jovens foram superando aquela prova, até que o último aluno se posicionou na plataforma, aguardando o momento certo para o salto, em busca do trapézio que balançava suavemente na sua frente. E o tempo ia passando e o jovem continuava lá, olhando para um ponto qualquer à sua frente, imóvel como que congelado. (**Complicação**)
O velho professor, observando a hesitação do aluno, procurou ajudá-lo:
— Vamos lá rapaz... Pule!
Sem qualquer reação o jovem gaguejou:
— Eu não posso... Não posso pular... Eu me vejo morto lá embaixo estendido no chão.
Naquele instante o silêncio se fez sentir no picadeiro. Todos os presentes acompanhavam tensos aqueles momentos. (**Ações**)
O velho trapezista subiu até então onde estava o jovem e calmamente disse-lhe:
— Se não tivesse certeza de que você seria capaz de pular, não pediria para fazê-lo. Você tem conhecimentos técnicos e competência para executar este movimento. Vou lhe dar um conselho... Preste atenção: primeiro atire seu coração e a mente naquela barra... o corpo irá atrás... Acredite! (**Resolução**)
Passados alguns segundos o jovem aluno se lança no espaço resoluto e agarra o trapézio, ouvindo então as palmas dos que o observavam naquele instante. (**Situação final**)
Assim como o aluno, muitas vezes nos sentimos "congelados" quando pensamos no pior. O velho professor, quando pedia ao jovem para jogar o coração e a mente, estava na realidade dizendo:
— Atire na mente sua confiança, sua fé, sua determinação, que a parte material vem na sequência. (**Avaliação**)
Criar uma imagem mental positiva ajuda a "descongelar" o raciocínio. (**Moral**)

(Fonte: Autor desconhecido. Disponível em: <http://www.bilibio.com.br/mensagem/99/O+trapezista.html>. Acesso em: 12 dez. 2011.)

Nesse exemplo, verificamos a ocorrência de todas as fases anteriormente descritas, que caracterizam uma típica sequência narrativa. No texto, a rotina do trapezista (*situação de equilíbrio*) é alterada no momento mais difícil do treinamento: o salto no trapézio a 15 metros de altitude (*complicação*). O encadeamento de *ações* enfatiza a insegurança do jovem, que necessita da intervenção do mestre (*resolução*), para encorajá-lo ao salto (*final*). As fases *avaliação* e *moral*, nem sempre explícitas, promovem uma reflexão acerca da história narrada, o que é um aspecto peculiar do gênero fábula, mas muitas vezes fica implícito em outros gêneros. Com relação à extensão dessas fases, observamos a variação do número de proposições que as compõe. A *situação inicial*, a *situação final* e a *moral* apresentam extensão bem menor do que as demais.

- *Sequência argumentativa*

As fases da sequência argumentativa são diferentes das fases da narrativa. Isso se deve à finalidade de cada sequência textual. Quando se escolhe uma sequência narrativa, tem-se o propósito de relatar um acontecimento, por isso as fases da narração estão todas ligadas a esse objetivo. Por outro lado, uma sequência argumentativa visa a defender um ponto de vista, uma tese, e os argumentos para sustentá-la vão sendo gradativamente apresentados. Assim, a sequência argumentativa prototípica se constitui das seguintes fases:

  i) **tese inicial ou premissas** – contextualização ou inserção da orientação argumentativa, propondo uma constatação de partida;

  ii) **argumentos** – apresentação de dados que direcionam a uma provável conclusão;

  iii) **contra-argumentos** – apresentação de dados que se opõem à argumentação;

  iv) **conclusão** – nova tese consequente aos argumentos e contra-argumentos.

O exemplo 3, a seguir, ilustra a constituição dessa sequência.

Exemplo 3

> **O dinheiro é muito bom, mas eu prefiro o saber**
>
> O dinheiro é muito bom
> diz Maria, diz João,
> digo eu e diz você.
> Compra tudo nessa vida
> compra amigo, compra poder.
> O dinheiro é muito bom,
> Mesmo assim prefiro o saber.
>
> Correndo atrás da riqueza
> vive assim o ambicioso,
> mas garanto, companheiro
> que pra alma do curioso
> o dinheiro é o prazer derradeiro.
>
> Tenho há muito proferido
> que o saber alimenta o homem
> viver sempre entre livros
> é desejo que me consome.
> Buscarei o conhecimento
> ainda que passe fome!
>
> (Fonte: Madallena, Helena, Suêda, Adriana, Vera, Jussara. Disponível em: <http://gestarpe.blogspot.com/2009/05/poema-argumentativo-o-dinheiro-e-muito.html>. Acesso em: 12 dez. 2011.)

No poema anterior, o enunciador defende a *tese* de que prefere o conhecimento ao dinheiro. Essa tese é expressa já no final da primeira estrofe, pois os primeiros versos destacam pontos de vista já existentes: "dinheiro é muito bom; diz Maria, diz João; digo eu e diz você". A tese é então introduzida com um *contra-argumento*: "O dinheiro é muito bom; mesmo assim prefiro o saber". A estrofe seguinte apresenta *argumento*, nos dois primeiros versos, e *contra-argumento*, nos três últimos. A *conclusão* reafirma a tese do enunciador: "o saber alimenta o homem".

Como vemos, a distribuição das *fases*, tanto neste exemplo, quanto em qualquer outro de qualquer sequência prototípica, não costuma se dar de forma linear, e nem todas as fases precisam aparecer, necessariamente.

• *Sequência explicativa*
Uma sequência *explicativa*, diferentemente das sequências anteriores, tem como finalidade maior responder a uma pergunta, que pode ser "por quê?", "como?", "o quê?", "para quê?", visando, principalmente, a apresentar razões e informações acerca de algo. Suas fases são:

i) constatação inicial – afirmação que se apresenta como incontestável; este é um dos traços que mais distinguem esta sequência da argumentativa, porque a constatação inicial aparenta não abrir espaço para o jogo de argumentação/contra-argumentação; o fato é apresentado como dado e será apenas justificado;

ii) problematização – questionamento (por quê, como, o quê, para quê) da afirmação inicial;

iii) resolução – explicação do questionamento proposto;

iv) conclusão/avaliação – reformulação da constatação inicial.

O exemplo 4, a seguir, é característico dessa sequência.

Exemplo 4

Por que nossa barriga "ronca" quando está vazia?

A hora do almoço está próxima, mas você sequer consultou o relógio para saber: seu estômago tratou de avisar com aquele barulho indefectível, o ronco. **(Constatação inicial)**

Barriga roncando é uma ação completamente natural, explica o professor de medicina da Universidade Luterana do Brasil, Elson Romeu Farias. Simplesmente, significa que o aparelho digestivo está se preparando para receber o alimento. **(Problematização)** As contrações dos músculos causadas pela produção das enzimas digestivas movimentam líquido e ar pelo abdômen.
"Como esse é um local de 'trânsito' intenso, temos os barulhos que decorrem da preparação para receber o alimento", explica Farias. **(Resolução)** Outra evidência de que está na hora da merenda é o ato de salivar só de pensar na comida. "É um fenômeno por vezes constrangedor, mas perfeitamente natural", reitera o médico. **(Conclusão/avaliação)**

(Disponível em: <http://noticias.terra.com.br/educacao/vocesabia/interna/0,,OI3418610-EI8407,00.html>. Acesso em: 12 dez. 2011.)

Verificamos, no exemplo 4, que a *constatação inicial* – "A hora do almoço está próxima, mas você sequer consultou o relógio para saber: seu estômago tratou de avisar com aquele barulho indefectível, o ronco" – precisa ser complementada. O objetivo dessa sequência é justamente explicar por que um dado fato ocorreu ou ocorre, por isso o exemplo informa por que existe esse ronco (*problematização*). Após essa explicação, há as proposições que constituem a fase da *resolução*, apontando a resposta à pergunta do texto: "As contrações dos músculos causadas pela produção das enzimas digestivas movimentam líquido e ar pelo abdômen. 'Como esse é um local de 'trânsito' intenso, temos os barulhos que decorrem da preparação para receber o alimento'". O texto é concluído com avaliação de que é natural a barriga roncar: "É um fenômeno por vezes constrangedor, mas perfeitamente natural".

• *Sequência descritiva*
A sequência descritiva centra-se na caracterização de objetos ou pessoas, de modo subjetivo ou objetivo, tendo como peculiaridade a

ausência de ações. Em sua constituição, observam-se o predomínio de formas nominais, de adjetivos. Esta sequência apresenta as seguintes fases:

i) **ancoragem** – tema da descrição, em geral uma forma nominal, ou o título;

ii) **aspectualização** – enumeração dos diversos aspectos do tema;

iii) **relacionamento** – associação com outros elementos, geralmente por comparações ou metáforas;

iv) **reformulação** – retomada do tema-título.

Para a observação de uma sequência descritiva prototípica, selecionamos o exemplo 5 para análise.

Exemplo 5

Cariocas
(Adriana Calcanhoto)

Cariocas são bonitos
Cariocas são bacanas
Cariocas são sacanas
Cariocas são dourados
Cariocas são modernos
Cariocas são espertos
Cariocas são diretos
Cariocas não gostam de dias nublados
Cariocas nascem bambas
Cariocas nascem craques
Cariocas têm sotaque
Cariocas são alegres
Cariocas são atentos
Cariocas são tão sexys
Cariocas são tão claros
Cariocas não gostam de sinal fechado

(Disponível em: <http://letras.terra.com.br/adriana-calcanhotto/43853/>. Acesso em: 31 dez. 2011.)

Na canção "Cariocas", de Adriana Calcanhoto, observamos todos os elementos constitutivos da sequência descritiva. As fases *ancoragem* e *reformulação* encontram-se concomitantes, pois a cantora não apenas anuncia o título, como o reformula em todas as estrofes da canção com a finalidade de expor os aspectos físicos, psicológicos e comportamentais (*aspectualização*), além de relacioná-los a informações presentes no conhecimento de mundo da audiência (*relacionamento*). A título de exemplo, atentemos para o verso "cariocas nascem craques", que nos leva a considerar que a autora compara os atletas nascidos no estado do Rio de Janeiro àqueles que se destacam em suas modalidades esportivas.

Apesar de, nesse exemplo, termos uma canção escrita toda em sequência descritiva, Adam (2008; 2009) atenta para o fato de que as sequências descritivas nem sempre são dominantes. Muitas vezes, estão apenas encaixadas em outros tipos de sequência, tais como as dialogais, como nos mostra o exemplo 6.

Exemplo 6

(Disponível em: <http://depositodocalvin.blogspot.com/search/label/Desaparecido>. Acesso em: 14 dez. 2011.)

Na tirinha, a sequência dominante é a dialogal, pois três dos quatro quadros mostram o diálogo entre a mãe e o filho. Seguindo Adam, podemos caracterizar essa organização composicional da seguinte forma: sequência dialogal – sequência dialogal <sequência descritiva> sequência dialogal. Na sequência descritiva, Calvin descreve o tigre Haroldo, no entanto enumera aspectos particulares de seu relacionamento com o animal, desconsiderando suas características físicas, as quais poderiam ajudá-lo a encontrar o tigre.

• *Sequência injuntiva*
A sequência injuntiva consiste em uma entidade com propósito autônomo: a partir dela, os interlocutores ou produtores de texto visam a alcançar um determinado efeito, ou simplesmente persuadir seu destinatário a realizar alguma ação. Esse tipo de sequência apresenta uma sucessão de ações instrucionais, realizadas pela presença de formas verbais no imperativo ou no infinitivo.

A configuração dessa sequência ocorre, principalmente, com o objetivo de dar ordens, aconselhar, orientar, dar instruções, expressar convites. Ilustramos essa sequência com o exemplo 7.

Exemplo 7

Simpatia para perder barriga

Consiga uma vela branca, um copo de água e uma imagem de Santo Antônio em uma fita métrica.
Então, *coloque* tudo isso aos seus pés e se *deite*.
Agora, deitado *toque* a ponta dos dedos dos pés com a ponta dos dedos da mão, dizendo:
"Santo Antônio, me tira essa barriga."
Repita 100 vezes por dia até *notar* que Santo Antônio já resolveu o seu problema.

(Disponível em: <http://www.orapois.com.br/humor/piadas/piadas-de-filosofando/simpatias_id13994_p0_mc0.html>. Acesso em: 12 dez. 2011)

No exemplo 7, observamos o gênero simpatia, cujo propósito comunicativo é a orientação procedimental para se conseguir alcançar um determinado objetivo – abstrato, como aliviar o estresse, ou concreto, como perder a barriga. Na simpatia, identificamos cinco verbos conjugados no imperativo e um no infinitivo; todos assumem a função de indicar ao interlocutor como ele deve fazer para perder a barriga, objeto da simpatia.

• *Sequência dialogal*

A sequência dialogal é dominante em textos sob a forma de diálogo ou conversação comum, materializando-se em diferentes modos de enunciação. Numa conversa, cada vez que um interlocutor fala, podemos dizer que está se estabelecendo uma troca conversacional. Pode-se entender também essa sequência como uma sucessão de réplicas realizadas por dois ou mais interlocutores, na qual um responde ou intervém no turno de fala do outro.

Esse tipo de sequência tem a particularidade de ter, como fases, turnos de fala, que, por sua vez, são produzidos no universo real – tais como as conversas que tecemos face a face ou virtualmente – ou de modo ficcional – como é o caso dos diálogos em uma peça de teatro ou cinema.

Desse modo, assim como defendido por Sacks, Schegloff e Jefferson (2005), a respeito da organização retórica de uma conversa prototípica, as fases de uma sequência dialogal são:

i) **abertura** – estabelecimento da interação inicial, em geral, do tipo fática (com formas rituais de começo de conversa, apenas para manter o contato), atendendo a convenções sociais; exemplo: "bom dia", "olá", "tudo bem?", "e aí?";

ii) **operações interacionais** – construção das trocas comunicativas da interação verbal;

iii) **fechamento** – encerramento do diálogo, com fórmulas fáticas rituais de fim de conversa, tais como: "tchau", "até mais", "falou", "valeu".

No exemplo 8, apresentamos uma conversa realizada entre duas participantes de uma sala de bate-papo virtual. A conversa escolhida apresenta forma prototípica, ou seja, contempla as três fases citadas anteriormente.

Exemplo 8

Chat	Macroproposição
candice fala para iniciante-M: oi! iniciante-M fala para *candice*: Oi! Tudo bem?	Abertura
candice fala para iniciante-M: to chateada iniciante-M fala para *candice*: por que??? *candice* fala para iniciante-M: duda foi despedido, lá do sesc [...] iniciante-M fala para *candice*: eita...mas , logo arruma outro *candice* fala para iniciante-M: claro vamos rezar pra isso [...] iniciante-M fala para *candice*: vamos sim..deus há de ajudar *candice* fala para iniciante-M: tenho féw q algo de bom apareça iniciante-M fala para *candice*: vai aparecer sim....	Operações interacionais
[...] *candice* fala para iniciante-M: vou indo, bye... iniciante-M fala para *candice*: boa sorte! Bye	Fechamento

(Fonte: Diálogo retirado do *corpus* de Paiva (2008).)

Concluímos nossa exposição reiterando que, embora a tendência dos textos seja a de se organizarem de forma heterogênea, há frequentemente uma sequência (prototípica ou não) que se sobrepõe às demais. Tal aspecto é justificado pela situação e propósitos comunicativos que envolvem a produção textual falada e/ou escrita. Isso permite, no processo ensino-aprendizagem, a escolha de gêneros específicos para a sequência que se pretende explorar em sala de aula, conforme pode ser observado no quadro de sugestões a seguir.

Sugestão de gêneros para o ensino-aprendizagem de sequências textuais

Sequência textual	Gêneros textuais sugeridos
Narrativa	contos, piadas, fábulas, poemas, notícias, músicas
Argumentativa	artigos, editoriais, músicas
Explicativa	textos científicos, de curiosidades
Descritiva	anúncios, *folders*, músicas
Injuntiva	dicas, folhetos, manuais de instruções, convites, receitas culinárias
Dialogal	peças teatrais, tirinhas, bate-papo

Com base no que vimos neste capítulo, podemos sintetizar os conteúdos sobre sequências textuais no seguinte esquema:

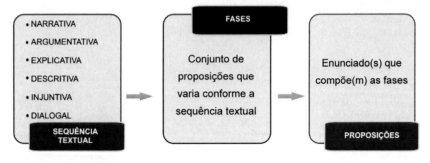

FAÇA COM SEUS ALUNOS

Atividade 1
Objetivo: aplicar os conhecimentos acerca da sequência descritiva na composição do texto.
Professor, considere, para esse exercício, a tirinha do Calvin apresentada no exemplo 6. Peça aos alunos que ajudem o garoto a encontrar seu tigre, elaborando um texto descritivo com as características físicas e comportamentais do animal. Depois, a partir dos textos produzidos, identifique as fases da sequência descritiva e discuta com eles sobre a importância dessas fases para a composição textual.

Atividade 2
Objetivo: reconhecer as diferentes sequências que podem constituir um texto, observando o conceito de heterogeneidade textual trabalhado neste capítulo.
A piada que segue, assemelhando-se à maioria dos textos que circulam no cotidiano, caracteriza-se pela heterogeneidade textual, ou seja, organiza-se em diferentes sequências. Desse modo, pode-se solicitar aos educandos que, em duplas, leiam a piada com o objetivo de reconhecer as sequências que a constituem, bem como aquela que é dominante. Após essas etapas, sugere-se a proposta de uma atividade de produção.

Piada de Escola
Visão de Aluno

A professora entra na sala com uma saia rodada após uma baita chuva e cai, escorregando numa poça de água do chão da sala. Automaticamente, a saia vai às alturas. Os meninos observam e a professora levanta rapidamente, saindo com essa:
– Vocês viram minha ligeireza?

Ao que o menino da frente responde:
– Vimos, mas conhecemos por outro nome.

(Disponível em: <http://www.maxdiversao.com.br/piada/de-escola/visao-de-aluno-1>. Acesso em: 2 jan. 2012.)

Na piada, devem ser reconhecidas as sequências: narrativa (dominante) e dialogal (inserida). Peça aos educandos que analisem as sequências, observando as fases que as constituem. Eles devem perceber que: a narrativa contém uma situação inicial, com a apresentação das personagens, do local e do momento em que se dá a ação; depois, já começa a complicação, quando a professora escorrega por causa da chuva e a saia dela vai às alturas. A dialogal é formada pelas operações interacionais. A narrativa é continuada a partir da própria sequência dialogal, que ajuda a configurar as ações do clímax e a resolução/conclusão. Concluída a análise e discussão das sequências, solicite a produção de um conto, em que o protagonista seja um professor. Determine alguns tópicos que devem estar na história e exija que outras sequências sejam inseridas. Peça que os alunos as identifiquem.

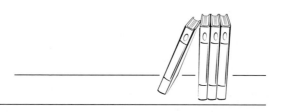

Tópico discursivo

Temos demonstrado que a compreensão de um texto não se dá apenas pela decodificação dos elementos linguísticos, mas que é necessário mobilizar, além destes elementos – que se encontram explícitos no cotexto – outros elementos não linguísticos, como os diversos conhecimentos de que já falamos no primeiro capítulo. Um dos fatores mais importantes para a construção da coerência global do texto é a adequada organização tópica, ou temática. Essa é a razão pela qual consideramos essencial discutir o conceito de tópico discursivo, suas características e seu papel na organização textual.

1. Conceituação

O tópico discursivo, ou o tema central de um texto, não é necessariamente identificável na superfície do texto, pois depende de aspectos discursivos, e não somente estruturais, organizacionais. É uma noção teórica que contribui para o entendimento de muitos fenômenos textual-discursivos, podendo ser entendido de acordo com os contextos teóricos em que é utilizado. Nessa perspectiva, é fundamental considerar tanto os aspectos cotextuais como os contextuais (Marcuschi, 2006).

Outras definições de tópico podem ser encontradas nos estudos de Brown e Yule (1983) para quem tópico é "aquilo sobre o que se está falando num discurso"; de Koch (1992) que concebe o tópico como aquilo sobre o que se fala; ou de Fávero, Andrade e Aquino (1999), que consideram o tópico um elemento estruturador da conversação sobre o qual os interlocutores interagem, mantendo, mudando ou retomando o mesmo assunto de que se fala.

A conversa espontânea, a seguir, ilustra como ocorrem a introdução, a manutenção e a modificação dos tópicos no discurso.

Exemplo 1

L1 – Ai! Eu não estou aguentando esse frio!
L2 – Também, você veio com uma roupa leve em pleno inverno e sabendo que a festa era ao ar livre.
L1 – Mas eu não imaginava que ia ter esse vento tão gelado, né?
L2 – Eu, que vim mais agasalhada, também estou me congelando.
L1 – Esse frio vai estragar a minha festa. Estou ficando de mau humor.
L2 – Mudando de assunto, esse som que está rolando não está com nada. Muito devagar. Deviam pôr um som mais agitado, né?
L1 – É mesmo, se continuar assim, isso aqui vai parecer velório. Qual é a desse DJ, que não saca que isso é uma festa?
L2 – Quem sabe se ele não se toca e muda o som?
L1 – É, mas se ele não mudar, juro que vou lá reclamar.
L2 – Uau! Quem é aquele todo de terno que está chegando?
L1 – Puxa, o cara é bonito mesmo. Com um desses eu queria ficar.
L2 – Olha lá a Laura. Isso é roupa que se use? Nunca vi vestido mais horroroso.

L1 – E ainda mais com aquelas botas que não têm nada a ver com o vestido, né?
L2 – E o casaco? Parece que ela tirou do guarda-roupa da avó dela, de tão velho e fora de moda.
L1 – O Paulo hoje está de tirar o fôlego. Eu trocaria o de terno por ele.
L2 – Tá bem, deixa o de terno para mim. Mas o Paulo está mesmo de arrasar!
L1 – Quieta! Quieta! Ele está vindo para cá. Vamos disfarçar e falar de outra coisa.
L2 – Tá. A Fernanda pensa que só tem ela na festa hoje, né? Está fazendo de tudo para aparecer.
L1 – Voltando à roupa da Laura. Será que ela não tinha outra coisa para vestir?
L2 – É, vestido vermelho com casaco lilás e bota preta, é demais! E ainda por cima o cachecol cheio de brilhos.
L1 – O Paulo passou reto. Acho que vou é conversar com o Marcelo.
L2 – E eu com o Gabriel. Já reparei que o de terno é muito metido e o Gabriel é muito divertido, com as suas piadas de português.

(Fonte: JUBRAN, Clélia C. A. S. "Analisando o texto". Disponível em: <http://www.poiesis.org.br/files/mlp/texto_2.pdf>. Acesso em: 12 dez. 2011.)

Na conversação espontânea das garotas, podem ser observados, entre outros, os seguintes tópicos: o frio que fazia no local descoberto onde se encontravam, o som que estava "rolando", os rapazes que circulavam pela festa, a roupa usada por uma das convidadas. É evidente, a partir do exemplo, que os tópicos surgem de forma espontânea e, no decorrer da interação, estruturam o texto oral sem haver prejuízo na construção do sentido.

É importante destacar que a construção do sentido de um texto se dá na situação de comunicação na qual os interlocutores estão inseridos. Desse modo, a identificação dos tópicos ficará atrelada ao conjunto de todo o evento comunicativo. Como afirmam Fulgêncio e Liberato (1998: 37):

A identificação do tópico de um texto é indispensável para a sua compreensão. O tópico parece condicionar a interpretação de cada unidade de um texto. Por exemplo, em um texto sobre "economia", a palavra banco tenderá a ser interpretada como "instituição financeira" e não como "certa peça de mobiliário", a menos que haja indicação explícita do contrário. Isso acontece porque o tópico do texto ("economia"), ao estabelecer um quadro de referência, contribui para que o leitor crie certas expectativas que guiam a sua interpretação, ajudando-o, inclusive, a dissolver possíveis ambiguidades.

De acordo com as autoras, a identificação do tópico discursivo condiciona a interpretação do texto. Desse modo, podemos afirmar que um texto confuso, mal construído, que não possibilita ao leitor estabelecer com precisão o quadro tópico, compromete a sua compreensão. Vejamos o texto:

Exemplo 2

O homem como fruto do meio

O homem é produto do meio social em que vive. Somos todos iguais e não nascemos com o destino traçado para fazer o bem ou o mal.
O desemprego pode ser considerado a principal causa de tanta violência. Há falta de condições do indivíduo em alimentar a si próprio e sua família.
Portanto é coerente dizer: mais emprego, menos criminalidade.
Um emprego com salário, que, no mínimo, suprisse o que é considerado de primeira necessidade, porque os subempregos, estes não resolvem o problema.
Trabalho não seria a solução, mas teria que ser a primeira providência a ser tomada.
Existem vários outros fatores que influenciam no problema, como, por exemplo, a educação, a falta de carinho. Essas crianças simplesmente nascem, como que por acaso, e são jogadas no mundo, tornando-se assim pessoas revoltadas e agressivas.
A solução é a longo prazo, é cuidando das crianças, mostrando

a elas a escala de valores que deve ser seguida.
E isso vai depender de uma conscientização de todos nós.
(Fonte: Texto adaptado de COSTA VAL, Maria da Graça. *Redação e textualidade*.
2. ed. São Paulo: Martins Fontes, 1999, p. 60-1.)

 Percebe-se que o título e a primeira frase, que poderiam orientar o tópico central do texto, não são retomados nos parágrafos seguintes. Portanto, não se consegue identificar o tópico anunciado no título, pois o conteúdo não tem continuidade. A segunda frase não mantém relação pertinente de sentido com a primeira, nem, muito menos, com o segundo parágrafo, que coloca o desemprego como causa de "tanta violência", como se essa informação já tivesse sido referida. O mesmo se dá em todo o texto: cada parágrafo é mais um exemplo de descontinuidade e de desarticulação das informações apresentados pelo autor. Ainda por cima, o texto não estabelece nenhuma relação plausível entre o fato de o homem ser fruto do meio e *desemprego, educação falta de carinho*. Como resultado, temos um texto que apresenta sérios problemas de textualidade por não apresentar uma organização tópica.

 Os textos apresentam o tópico principal e os subtópicos, que são unidades menores. Portanto, um texto se estrutura em tópico e subtópicos, de forma hierárquica. Por exemplo, um texto sobre o "Ceará" (tópico) pode ter como subtópicos "o clima", "os pontos turísticos", "o artesanato" e "a culinária". Cabe ao leitor identificar a estrutura do texto, composta de tópico e subtópicos, e sua hierarquia, para garantir a adequada compreensão textual.

 Nem sempre, necessariamente, um texto apresenta um único tópico central. Dependendo do gênero a que ele pertença, do grau de formalidade, dos propósitos comunicativos e de outros fatores, poderá haver mais de um tópico. É o que se vê no exemplo a seguir, em que há vários tópicos em um bate-papo virtual.

Exemplo 3

(23:32) Augusto: xuxu vc me ligou!!
(23:32) Augusto: o q aconteceu??
(23:32) Déa- vivo espera: esperaaaaa um minutinho
(23:41) Déa- vivo espera: amoore
(23:41) Déa- vivo espera: e num deu o mesmo problema de novo????
(23:41) Déa- vivo espera: deu desligar, aparecer as atualizaçoes e elas serem feitas qnd o pc eh desligado mesmo sem eu autorizar.
(23:41) Déa- vivo espera: ai qnd liga novamente, da aquele problea.
(23:41) Augusto: unhum
(23:42) Déa- vivo espera: ai sab veio um tecnico da casas freitas e ajeitou de novo
(23:42) Augusto: garantia neh??
(23:42) Déa- vivo espera: ai de ontem p hj eu nao desliguei, deixei hibernando,
(23:42) Augusto: desculpa
(23:42) Augusto: eu atendi e acho q fui antipatico neh
(23:42) Augusto: hehehehe
(23:43) Déa- vivo espera: aí hj ele desligoun qnd a minah cunhada fez uam merdinah e atualizou de novo, e fez aquilo de novo e meu irmao mexeu e ficou bom
(23:43) Déa- vivo espera: foi nao, lindo, vc estava dormindo né?
(23:43) Augusto: tava
(23:44) Déa- vivo espera: pois eh.. ai vou levar logo na autorizada,s abe?
(23:44) Déa- vivo espera: mas da tanta raiiiivaaa
(23:44) Augusto: heheh
(23:44) Augusto: sei como é
(23:45) Déa- vivo espera: =/
(23:45) Déa- vivo espera: muito f...
(23:45) Déa- vivo espera: e tu??
(23:45) Déa- vivo espera: como vai?
(23:45) Augusto: to indo neh xuxu

(23:45) Augusto: apaixonado
(23:45) Augusto: mas enfim
(23:45) Augusto: é isso mesmo
(23:46) Déa- vivo espera: falou c ela no fds?
(23:46) Augusto: fui na casa dela ontem
(23:46) Augusto: basta ela me ligar pra eu velá
(23:46) Déa- vivo espera: e aí?
(23:46) Augusto: conversamos
(23:46) Déa- vivo espera: como foi?
(23:46) Augusto: e soh
(23:47) Augusto: ela diz q nao pode corresponder o q eu sinto por ela nesse momento
(23:47) Déa- vivo espera: =/
(23:47) Déa- vivo espera: f...
(23:47) Augusto: f... e meio
(23:47) Augusto: mas enfim
(23:47) Augusto: a vida é assim
(23:48) Augusto: se um dia ela puder corresponder
(23:48) Augusto: otimo
(23:48) Augusto: caso nao
(23:48) Augusto: eu posso estar em outra
(23:51) Déa- vivo espera: hum, mas vc tem de por a sua vida p frente independente dela
(23:51) Augusto: com certeza vou fazer isso
(23:51) Augusto: um dia serei feliz pode ter certeza
(23:51) Déa- vivo espera: e vai ser sim, pq vc merece muito
(23:52) Déa- vivo espera: e tem outra, vc nao tem sorte nisso por enquanto, e as outras coisas boas da sua vida q fizeram desse ano massa? sao relevantes p dizer q vc já é feliz!
(23:53) Augusto: eu sou um cara feliz
(23:53) Augusto: tenho pessoas otimas ao meu lado
(23:53) Augusto: conquistei varias coisas
(23:54) Augusto: mas ainda tenho muito pra conquistar
(23:55) Déa- vivo espera: c ctz,e vai no dia-a-dia
(23:55) Déa- vivo espera: e eu to torcendo aki
(23:55) Augusto: q bom q vc torce por mim xuxu

(23:55) Déa- vivo esperando e procurando um trevo no meu jardim, quatro folhinhas nascidas ao léu.. me levariam pertinho do céu!;) alterou o estado para Numa chamada
(23:55) Augusto: heheheh
(23:55) Augusto: ;)
(23:55) Déa- vivo espera: torço muito e sempre
(23:55) Déa- vivo espera: e
(23:55) Déa- vivo espera: espera, to no tel, volto ja
(23:56) Augusto: ok
(Fonte: Trecho extraído de um bate-papo virtual.)

Nesse exemplo, fica claro que, embora o texto seja escrito, ele apresenta características de texto oral. Observamos, ainda, que a mudança de tópico em um texto falado pode se dar da mesma maneira que em um texto escrito. No texto falado, são comuns os desvios inesperados de assunto, sem que isso cause tanto estranhamento; no texto escrito, isso pode constituir um problema de coesão e de coerência, como ocorreu com a quebra de continuidade tópica, quando os interlocutores mudaram o assunto inicial (problema em um equipamento eletrônico para relacionamento amoroso).

2. Características do tópico discursivo

O tópico discursivo é definido por dois traços básicos: a *centração* e a *organicidade* (Jubran, 1993). A centração diz respeito ao inter-relacionamento entre as unidades de sentido do texto, que convergem para um eixo temático, ou seja, para o tópico central. Nos exemplos comentados até agora, identificamos o tópico geral exatamente pela propriedade de centração, isto é, pelo assunto central ao qual todos os demais se relacionam. Essa inter-relação entre o *tópico central* e os *subtópicos* pode ser assinalada linguisticamente. Atentemos para o texto seguinte.

Exemplo 4

Do controle cidadão

A morte da garotinha Francisca Mariana Fonseca, 10, vítima do desabamento do telhado de uma escola, em Beberibe, comoveu sua cidade. A tragédia expõe mais uma vez a falta de mecanismos de controle eficiente sobre as administrações municipais interioranas. Não que a da capital esteja imune a isso, mas, devido ao trabalho menor da máquina pública municipal interiorana, seria mais fácil, em tese, os cidadãos controlá-las. Contudo, o mandonismo impera onde os instrumentos de vigilância (mídia, organizações da sociedade civil) estão mais distantes ou não existem. As primeiras investigações apontam irregularidades na obra, além da construção amadorística. Peças fundamentais para sua sustentação deixam de ser providenciadas (por ignorância, ou corrupção?). E ninguém dá notícia dos documentos para sua construção, como pede a lei.

(Fonte: MENEZES, Valdemar. Disponível em: <www.opovo.uol.com.br/opovo/colunas/concidadania/738549.html>. Acesso em: 17 out. 2007.)

No texto acima, podemos reconhecer o tópico central já a partir de indicações dadas no próprio título: "Do controle cidadão". O texto parte de um fato ocorrido numa cidade do interior do Ceará para estabelecer o tópico central: a falta de fiscalização das administrações municipais interioranas. Essa informação central se confirma em alguns pontos do cotexto, como em: "A tragédia expõe mais uma vez a falta de mecanismos de controle eficiente sobre as administrações municipais interioranas"; "devido ao trabalho menor da máquina pública municipal interiorana, seria mais fácil, em tese, os cidadãos controlá-las"; "Contudo, o mandonismo impera onde os instrumentos de vigilância (mídia, organizações da sociedade civil) estão mais distantes ou não existem.".

A organicidade, por sua vez, é a propriedade através da qual o tópico se apresenta em subtópicos, que possuem entre si uma relação de interdependência em dois planos: vertical e horizontal.

No plano vertical, dá-se a relação existente entre o tópico central e os subtópicos a ele subordinados.

Por exemplo, no texto anterior, tendo em conta o plano vertical, podemos afirmar que estão subordinados ao tópico central "A falta de fiscalização das administrações municipais interioranas" os subtópicos representados pelos seguintes enunciados: "No interior deveria haver um controle maior devido à máquina pública ser menor" e "A falta de instrumento de vigilância facilita o mandonismo". Já o subtópico "Notícia da morte da garotinha" apresenta outro subtópico a ele subordinado: "Irregularidades na obra e construções amadoras". Paralelamente a isso, o subtópico "Causas do desabamento" abriga mais dois subtópicos: "Falta de obediência às normas de construção" e "Desconhecimento da documentação necessária para a construção da obra".

Essas relações de interdependência entre os níveis hierárquicos de organização tópica dão origem a Quadros Tópicos (QTs), como apresentado a seguir.

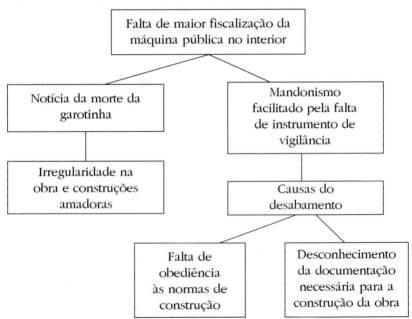

No plano horizontal, ou linear, a organização dos tópicos se dá na sequência do desenvolvimento do texto, ou seja, na ordem em que tópicos e subtópicos se apresentam. Voltando ao exemplo anterior, podemos observar que se encontram em relação linear os subtópicos "Notícia da morte da garotinha" e "Mandonismo facilitado pela falta de instrumento de vigilância"; assim como estão no mesmo plano horizontal os subtópicos "Falta de obediência às normas de construção" e "Desconhecimento da documentação necessária para a construção da obra".

Além de considerar a ordem linear em que os subtópicos aparecem no cotexto, é fundamental atentar para o status paralelo de um subtópico com relação a outro. Voltando ao quadro tópico, podemos notar que o subtópico "Notícia da morte da garotinha" está no mesmo nível que o subtópico "Mandonismo facilitado pela falta de instrumento de vigilância". Note-se ainda que os dois subtópicos paralelos se inter-relacionam justamente porque estão ligados a um tópico comum a ambos: "Falta de maior controle da máquina pública no interior".

Percebemos que as relações entre tópicos discursivos, tanto no plano vertical quanto no horizontal, mostram que a topicalidade é um princípio organizador do texto.

Vejamos outro exemplo de como pode ser feita a organização hierárquica de um texto:

Exemplo 5

Por que surgiu a pontuação

A pontuação surgiu para ajudar as pessoas a ler em voz alta. Até alguns séculos atrás, a maior parte da população não sabia ler e, por isso, os poucos que aprendiam precisavam ler em voz alta. Para ajudar essas pessoas na Antiguidade, sinais conhecidos como "pontos" eram adicionados às páginas dos textos. A palavra pontuação vem do latim *punctus*, que significa ponto. Esses pontos indicavam aos leitores quando deveriam fazer uma pausa ou respirar, e o que deveriam enfatizar.

No início da Era Cristã na Europa, o uso desses pontos era muito comum, mas nem todos os utilizavam para indicar as mesmas coisas. Quando a técnica de impressão foi inventada, no século 15, os impressores queriam regras mais claras sobre o que colocar e onde, a fim de padronizar os textos. Desde então, várias regras de pontuação têm sido descobertas, inventadas e discutidas.

(Fonte: DUBOSARSKY, Ursula. Revista *Seleções*, Nov. 2008.)

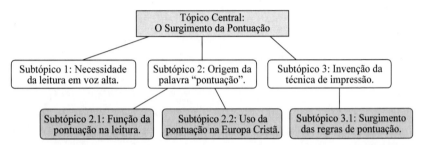

Além do que já foi dito sobre a importância da organização tópica para a construção dos sentidos, é preciso acrescentar que ela está intimamente relacionada ao desenvolvimento argumentativo do texto. Vejamos, a título de ilustração, o texto a seguir.

Exemplo 6

A nova lei sobre consumo de álcool para quem dirige aproxima o Brasil de países como Jordânia, Qatar e Emirados Árabes Unidos, que não permitem nenhuma concentração de álcool no sangue dos motoristas, com punições que vão de multas a prisão. A maioria dos países da União Europeia, assim como os Estados Unidos e Canadá, tem uma legislação mais flexível em relação ao tema. Algumas nações islâmicas, como Arábia Saudita e Irã, proíbem a venda de bebidas alcoólicas no país.

A maioria dos países árabes, por serem Estados islâmicos, tem uma política de "tolerância zero" com as bebidas alcoólicas. No Qatar, por exemplo, quem é pego com qualquer quantidade de álcool no sangue enfrentará penas que vão de prisão e multa a deportação, caso seja estrangeiro. [...]

(Disponível em: <http://g1.globo.com/Noticias/Mundo/0,,MUL617895-5602,00.html>. Acesso em: 12 dez. 2011.)

O tópico central desse texto é a "comparação entre a lei seca brasileira e a legislação sobre álcool de países islâmicos". Esse tópico possibilita ao leitor a ativação de uma ideia bastante corrente na cultura ocidental: a de que os países islâmicos são atrasados. Consequentemente, quanto mais perto se estiver desses países, mais atrasado se estará. Apontar as semelhanças entre a legislação brasileira e a de países islâmicos, no final das contas, sugere a tese de que a "lei seca" brasileira é atrasada.

A tese sugerida (mas não explícita) pode ser percebida, também, a partir de um dos subtópicos do texto: a "relativa flexibilidade das leis norte-americanas e europeias". Uma vez que Europa e Estados Unidos remetem à modernidade, ao avanço, é permitido inferir que, quanto mais afastado se estiver da Europa e dos Estados Unidos (como é o caso do Brasil em relação à "lei seca"), mais atrasado será o país.

Essas observações indicam que, na verdade, mesmo nos textos "inofensivos", aparentemente neutros, há um aspecto argumentativo a ser depreendido (o qual, muitas vezes, só é percebido pelo leitor/ouvinte altamente proficiente). Logo, num processo pleno de interpretação, reconhecer os tópicos discursivos (ou seja, depreender as informações do texto, bem como as inter-relações entre tais informações), embora seja uma etapa absolutamente essencial, não resume tudo o que é preciso fazer. Além disso, é necessário reconhecer a orientação argumentativa que a organização tópica sugere.

FAÇA COM SEUS ALUNOS

Atividade 1

Objetivo: utilizar as estratégias de articulação tópica para construir textos coerentes, considerando as restrições estabelecidas pelas sequências textuais e pelo gênero discursivo solicitado. Escolha uma das propostas a seguir para elaborar seu texto.

Proposta 1

Elabore uma notícia curta, composta de uma sequência mista, narrativo-expositiva, a partir dos dados elencados. Organize as informações de modo a salientar o tópico central, ao qual as informações secundárias devem ser subordinadas. Você tem plena liberdade de suprimir, acrescentar e reformular trechos. Lembre-se de adequar o texto às características do gênero discursivo determinado.

- Carreta ignora sinalização, atropela equipe de resgate de outro acidente.
- Saldo: 27 mortos e mais de 80 feridos.
- O acidente ocorreu há duas semanas, na rodovia federal BR-282, em Santa Catarina.
- Aconteceu às 19h30, numa terça-feira.
- Um caminhão carregado de soja tentou ultrapassar outro veículo pela contramão.
- Era uma curva e em declive; proibido para essa manobra.
- Chocou-se com um ônibus com 40 agricultores.
- Os agricultores vinham de uma feira de negócios em Chapecó.
- Os dois caíram numa ribanceira de mais de 20 metros de altura.
- O motorista e dois passageiros do ônibus morreram na hora.
- O caminhoneiro, a mulher e dois filhos morreram na hora.
- Duas horas depois, um caminhão furou o bloqueio montado pela Polícia Rodoviária em torno do acidente.
- O caminhão era dirigido por Rosinei Ferrari, de 28 anos.
- Ele trafegava a mais de 100km por hora.
- Ele parecia uma besta desgovernada.
- Ele bateu em nove veículos que estavam na pista de resgate.
- Ele atropelou bombeiros e policiais.
- Ele passou por cima de sobreviventes do ônibus acidentado e de curiosos que assistiam ao resgate.

Proposta 2

Elabore um anúncio publicitário com as informações sugeridas abaixo. A sequência dominante deve ser argumentativa. Você pode suprimir, acrescentar e reformular trechos. Lembre-se de adequar o texto às características do gênero discursivo determinado.

- Promoção Brasil-Previ Júnior.
- Você deve investir nos projetos de vida de seu filho.
- Você pode concorrer a até R$700 mil em prêmios.
- Quando ele completar 21 anos, poderá utilizar esse montante acumulado: pagar os estudos, iniciar a vida profissional, continuar investindo em outro plano.
- O Plano Brasil-Previ Júnior está comemorando 10 anos.
- Você pode investir na educação de seus filhos.
- É um incentivo para ele começar bem a vida.
- Ele terá segurança para crescer.
- Cadastre-se e participe.
- A cada R$100 investidos, você concorre a vários prêmios de R$10 mil, R$20 mil e R$30 mil.
- Os cupons são cumulativos: se você investir em outubro, concorre aos prêmios das três apurações.

Atividade 2

Objetivo: utilizar o conhecimento sobre a hierarquia entre tópico central e subtópicos para propor sentidos atinentes à leitura de um texto.

Leia o texto a seguir e responda ao que se pede.

Aos 8 anos de idade essa já era uma questão praticamente resolvida para mim: bastava decidir entre ser astronauta ou goleiro do Corinthians. (Como convencer o técnico do Timão ou os cientistas na NASA a me contratarem eram apenas alguns detalhes que seriam resolvidos depois.)
Tudo mudou na primeira vez que entrei no mar com uma máscara de mergulho. Ali mesmo, na praia, perguntei ao tio Carlos qual era a faculdade que se fazia para virar mergulhador. Dali em diante, quando me perguntavam: "O que você vai ser quando crescer", dizia: "Oceanógrafo!". Os adultos me olhavam admirados, crentes de estar diante de um pirralho com verdadeiras ambições científicas, embora meu único desejo fosse ficar boiando e vendo anêmonas, peixes coloridos, polvos, arraias, corais...
Só lá pelos 14, depois de compreender as minhas limitações futebolísticas, as dificuldades junto à NASA e descobrir que um oceanógrafo passava mais tempo estudando biologia do que boiando no mar, percebi do que realmente gostava: escrever.

Foi quase sem querer. O Maluf, então prefeito de São Paulo, tinha resolvido ampliar uma avenida e, para isso, demolir a casa em que eu tinha passado a infância. Revoltado, escrevi um texto, lembrando as brincadeiras na rua e lamentando a demolição. Mostrei o texto para a minha mãe e minha irmã e fui tomar banho. Quando saí, encontrei as duas chorando, emocionadas. Fiquei absolutamente entusiasmado: era possível, simplesmente rabiscando umas palavras num papel, fazer com que pessoas chorassem?! Rissem?! Ficassem com medo?! Era isso o que eu queria fazer! Felizmente, já passados onze anos desde a choradeira familiar, é o que continuo fazendo. (Claro, nada impede que aos 30 eu tenha uma crise existencial e descubra que estive equivocado e o que realmente me dá prazer é ser analista de sistemas ou alimentar os pinguins do jardim zoológico, sei lá; para quem passou de goleiro-a-astronauta-a-oceanógrafo-a-escritor não será nenhuma novidade.)

Isso tudo para dizer que a nossa profissão, a atividade na qual teremos mais prazer produzindo alguma coisa, não é algo que a gente inventa, mas que descobre. E, como muitas descobertas, ocorre mais ou menos por acaso e leva tempo: a gente entra numa faculdade, arruma um estágio, abandona a faculdade, sai do estágio, tenta outro curso, resolve pintar umas camisetas e vender por aí, desiste das camisetas, descobre que matérias da faculdade são mais interessantes, até que uma hora a gente se encontra: seja alimentando pinguins, estudando astronomia, rabiscando sobre uma prancheta, fazendo textos, comida chinesa, administração de empresas ou ginástica olímpica.

O caminho não é nada fácil; pelo contrário, é cheio de tropeços, mas quem sabe não é num deles, com a cara no chão, que você descobre que sua grande vocação é fabricar tapetes?

(Fonte: PRATA, Antonio. *Estive pensando*: crônicas de Antonio Prata. São Paulo: Marco Zero, 2003, p. 92-93.)

O assunto principal (ou tópico central) do texto se estabelece a partir do entrecruzamento das sequências narrativa e argumentativa. Com base nessa informação, indique:

a) O assunto principal do texto.

b) Os tipos de fatos narrados (o que eles têm em comum).

c) Um exemplo transcrito do texto que comprove sua resposta ao item "b".

d) O ponto de vista do enunciador.

e) Um exemplo transcrito do texto que comprove sua resposta ao item "d".

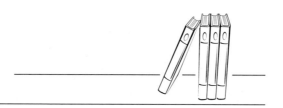

Referenciação e compreensão de textos

Neste capítulo, abordaremos a referenciação, um fenômeno textual-discursivo dos mais relevantes para a produção/compreensão de sentidos. O objetivo principal é que conheçamos aspectos básicos envolvidos nas reflexões teóricas sobre esse tema, e que despertemos o interesse sobre a questão, para posteriormente aprofundarmos reflexões mais complexas (que são muitas). Dividimos a abordagem desse tema em dois capítulos. Neste, apresentamos as definições mais importantes sobre a matéria (com destaque para *referente*, *expressão referencial* e *recategorização*) e as características do processo de referenciação; no próximo, descrevemos os tipos de expressões referenciais e as funções discursivas dessas expressões.

1. Conceitos básicos: referenciação, referente e expressão referencial

Vamos iniciar compreendendo o que é um referente e o que são expressões referenciais. Para isso, partiremos de uma pequena tarefa de produção escrita. Observe o texto a seguir e, antes de prosseguir a leitura deste capítulo, proponha uma versão por escrito da história que está sendo contada.

Exemplo 1

(QUINO. *Toda a Mafalda*. Trad. Andréa Sthael M. Da Silva et al. São Paulo: Martins Fontes, 1993, p. 226.)

Provavelmente, no texto que você escreveu, serão mencionados certos elementos (que chamaremos de *objetos de discurso* ou *referentes*) da história: Mafalda, Manolito, a flor, a moeda, o jardim etc. Muitos dos objetos são recorrentes na história e, no texto escrito, poderão aparecer mais de uma vez, de modo que, a cada vez que aparecerem, precisarão ou não ser nomeados.

Por exemplo, Mafalda, ao aparecer pela primeira vez, pode ter sido nomeada como em destaque no trecho a seguir:

> **Mafalda** estava sentada num jardim, com seu amigo Manolito.

Diante da necessidade de esse objeto aparecer novamente, ou seja, diante da necessidade de ser retomado, é possível, entre outras, as seguintes formas de menção (diversos fatores textual-discursivos poderão influenciar a escolha de uma delas):

- a repetição do termo já utilizado

> Ao ver que Manolito sentiu um cheiro diferente, **Mafalda** fica intrigada.

- a utilização de um pronome

> Ao ver que Manolito sentiu um cheiro diferente, **ela** fica intrigada.

- a elipse

> Ao ver que Manolito sentiu um cheiro diferente, **Ø** fica intrigada.

- a utilização de outro item lexical, de uma outra palavra ou expressão, que poderia, inclusive, exprimir algum ponto de vista do produtor do texto

> Ao ver que Manolito sentiu um cheiro diferente, **a garota** fica intrigada.
> Ao ver que Manolito sentiu um cheiro diferente, **a esperta garota** fica intrigada.

Pelo que vimos até aqui, fica fácil perceber que, no desenrolar do texto produzido (para além das duas menções iniciais mostradas até aqui), será possível estabelecer diferentes formas de **referir** o mesmo objeto ou *referente* (Mafalda). Claro que essa variedade é válida para os outros objetos que podem ser referidos à medida que o texto se desenvolve.

Da realização da primeira tarefa, já podemos começar a formular alguns conceitos. Perceba que, para realizá-la, foi preciso lançar mão de recursos linguísticos que permitiam nomear os objetos elaborados durante o processo de escrita. Podemos dizer, em outras palavras, que, para estabelecer os referentes (ou objetos necessários à coerência textual), muitas vezes, ainda que nem sempre, utilizamos expressões referenciais – os recursos linguísticos que manifestam esses referentes no cotexto. Em outras palavras, construímos um processo da referenciação.

Vamos explicar melhor: o processo da referenciação diz respeito à atividade de construção de referentes (ou objetos de discurso) depreendidos por meio de expressões linguísticas específicas para tal fim, chamadas de expressões referenciais. No texto em questão, um exemplo de referente seria Mafalda. As diversas expressões que são utilizadas, no texto produzido, para se reportar a esse personagem (por exemplo, "Mafalda", "ela", "a garota", "a esperta garota") são as expressões referenciais.

Então, podemos dizer que o **referente** é um objeto, uma entidade, uma representação construída a partir do texto e percebida, na maioria das vezes, a partir do uso de expressões referenciais.

Vejamos outro exemplo. Leia o texto a seguir e, em seguida, liste os referentes construídos, bem como as expressões referenciais correspondentes a cada um deles.

Exemplo 2

O carro com paixão

Apaixonado por carros ele era, e desde criança. Sabia tudo sobre automóveis antigos. O Ford modelo A? Dizia em que ano havia sido projetado, quantos automóveis haviam sido vendidos na primeira leva. O Oldsmobile Ninety-Eigth 1957? Descrevia a grade do motor, o painel, o estofamento. O Chevrolet 1937? Sabia até a potência do motor e onde, exatamente, ficava o botão do arranque.
Se pudesse, ele se tornaria colecionador. Compraria lendários modelos, levaria para sua casa, montaria uma exposição permanente. Mas isso não podia fazer. Em primeiro lugar, porque

não tinha dinheiro. Auxiliar de escritório, mal ganhava para sustentar a si próprio e à mulher. Em segundo lugar, não tinha espaço para tais carrões: morava numa casinha de subúrbio, sem garagem, sem quintal. Mas aí o destino interveio. Através de um amigo ficou sabendo do falecimento de um famoso colecionador – cuja esposa, que detestava a paixão do marido, estava se desembaraçando dos carros por preços relativamente acessíveis. Esperançoso, foi até lá. Mas chegou tarde: todos os antigos modelos haviam sido comprados. Com exceção de uma enorme limusine, daquelas usadas em Nova York para transportar celebridades e que ninguém comprara, exatamente por causa do tamanho.
— Sabe de uma coisa? – disse a senhora. — Se você quiser, pode levar esse trambolho de graça. Já estou farta dessa coisa.
Quase sem acreditar no que ouvia, ele entrou na limusine e deu a partida. A mulher abanou para ele e entrou na casa, aliás um palacete. Tripulando o carrão (e chamando a atenção de todo mundo) foi para casa.
A mulher se desesperou. Onde colocariam aquilo? Dentro de casa, disse ele. Naquele fim de semana demoliu a parede da frente, introduziu a limusine no recesso do lar e tornou a edificar a parede. Mas o veículo era tão grande que tiveram de retirar todos os móveis da sala-quarto, inclusive a cama. O que não seria um problema: ele deu o jeito de transformar a limusine em quarto e em sala. A esposa, que nunca reclamava de nada, aceitou o arranjo. E, assim, realizaram um sonho dele: moravam num automóvel, aliás com bastante conforto.
Poderiam ter sido felizes para todo o sempre, se não fosse o mecânico que ele chamou para consertar um pequeno defeito no carro. A mulher se apaixonou pelo homem, aliás muito bonito, e fugiu com ele.
O colecionador viu os dois saindo, ela de mala na mão. Pensou em ir atrás deles, na limusine. Mas para isso teria de usar o carrão para demolir a parede da frente. E ele jamais arranharia uma pintura tão bem conservada.

(Fonte: SCLIAR, Moacyr. *Folha de S.Paulo*, 14/11/2005. Disponível em: <http://moacyrscliar.blogspot.com/2007/09/namoro-e-vestibular.html>. Acesso em 2 out. 2008.)

Agora, compare a sua lista com as expressões elencadas no seguinte comentário:

Nesse exemplo, é possível perceber a presença de alguns objetos, algumas entidades que se manifestam no texto e para as quais construímos representações originadas do processo de leitura. Vejamos alguns dos referentes mais salientes (com algumas expressões referenciais correspondentes):

- o protagonista: "ele"; "criança"; as elipses antes das formas verbais "Sabia", "Dizia" e "Descrevia" (primeiro parágrafo), entre outras; "sua [casa]"; "auxiliar de escritório"; "si próprio"; "você"; "o colecionador";

- a esposa do protagonista: "a mulher"; "a esposa"; "ela";

- a casa onde o casal morava: "[sua] casa"; "(n)uma casinha de subúrbio, sem garagem, sem quintal"; "lar";

- a limusine: "uma enorme limusine"; "esse trambolho"; "(d)essa coisa"; "(n)a limusine"; "o carrão"; "aquilo"; "o veículo"; "quarto e sala".

- o mecânico: "o mecânico que ele chamou"; "(pel)o homem [...] muito bonito"; "ele".

Além dos referentes apresentados até aqui – todos individualizados, porque remetem a entidades especificadas no co(n)texto – há outros mais "gerais". As expressões "carros" (primeiro parágrafo) e "celebridades" (terceiro parágrafo), por exemplo, não remetem, respectivamente, a um conjunto de carros específico ou a um grupo determinado de celebridades, mas, sim, à noção de carro e à classe de celebridades de maneira geral. Logo, essas expressões têm uma referência não individualizada. Observe a diferença entre o referente "carros" no primeiro parágrafo ("Apaixonado por carros ele era") e o referente "carros" no terceiro parágrafo ("estava se desembaraçando dos carros"). No primeiro caso, temos, como já foi dito, uma referência não individualizada, que se aplica a carros em geral. No segundo, o referente remete aos carros que pertencem à coleção do homem que faleceu; trata-se, portanto, de um conjunto específico de carros. Esse comentário serve como alerta: o que garante o caráter mais ou menos individualizado de um referente não é o uso de uma expressão no plural, mas, sim, o sentido depreendido no contexto e, principalmente, a relação que mantém ou não com outros referentes desse contexto particular.

Há, também, referentes menos salientes, como os acessórios sobre carros antigos informados no primeiro parágrafo ("a grade do motor"; "o painel"; "o estofamento"; "a potência do motor"; "o botão do arranque"). Tais referentes se ligam indiretamente ao objeto de discurso "carros". E há os referentes que, diferentemente dos exemplos destacados (os quais remetem a objetos mais "concretos"), representam entidades mais abstratas, como "a paixão do marido" (terceiro parágrafo), "tamanho" (terceiro parágrafo) e "conforto" (sexto parágrafo). No final das contas, **os objetos referidos em um texto podem ser de natureza diversa: mais ou menos individualizados, mais ou menos salientes; mais ou menos concretos e até abstratos.**

Destacamos, ainda que, para haver um referente, não é necessário que haja um conjunto de expressões referenciais que a ele remetam; uma única expressão já é suficiente para que o referente se configure, e é possível que nem haja expressão referencial alguma para que a entidade se forme na mente dos interlocutores. No texto 2, as expressões "o destino" e "a paixão do marido" (terceiro parágrafo) aparecem apenas uma vez, mas já a partir delas temos dois referentes (bastante relevantes, aliás, para a progressão textual).

Como se vê, os referentes, entidades construídas a partir do texto, remetem a conteúdos "nominais", noções que, quando são elaboradas linguisticamente, têm natureza substantiva ou às vezes adverbial. Por isso é que **as expressões referenciais são, geralmente, sintagmas nominais** (palavras ou grupos de palavras cujo núcleo é um substantivo ou um pronome substantivo), mas podem também constituir sintagmas adverbiais (conjunto de palavras cujo núcleo é um pronome advérbio). Se voltarmos à leitura dos comentários feitos sobre os textos, veremos que as expressões destacadas são sintagmas nominais.

Para terminar esta seção, é preciso destacar a relevância do processo da referenciação para a produção/compreensão de textos. Os referentes "jogam" em diversas posições, dentre as quais destacamos: o papel na organização da informação; a atuação na manutenção da continuidade e progressão do tópico discursivo; a participação na orientação argumentativa do texto – assuntos tratados nos capítulos anteriores. Conhecer as estratégias de referenciação implica, portanto, compreender um mecanismo de estruturação do texto, algo absolutamente fundamental para a construção da coerência. O professor de língua materna precisa dominar esse conhecimento para reconhecer as possibilidades de sua aplicação no processo de ensino-aprendizagem.

2. Características da referenciação

Do estudo que foi feito até agora, foi possível compreender que a estratégia de construção de referentes no texto, realizada por meio de expressões referenciais, é um processo, uma ação (por isso é que podemos dizer que a referenciação é **a ação de referir**). Falta, contudo, explicitar as características desse processo, a fim de que se entendam suas particularidades em relação a outras formas de se estudar a referência. É isso mesmo: existem possibilidades de se estudar o processo de referir diferentes da proposta da referenciação. Aqui, nós estudaremos essa proposta em função da sua grande aceitação nos estudos mais atuais, mas, principalmente, em função de ser esta a proposta que se enquadra no panorama de estudos linguísticos que privilegiam a interação social (e esse foi o princípio escolhido para orientar a produção deste livro).

Vamos, então, refletir sobre quais seriam essas características, e, para isso, nós vamos, mais uma vez, recorrer à observação do fenômeno a ser descrito em uso. Falar em uso, na referenciação, significa analisar textos. Passemos, então, para as características da referenciação.

2.1. A atividade de referenciação é uma elaboração da realidade

Leia os dois textos a seguir.

Exemplo 3

Casamento

Para adentrar no direito à Separação e ao Divórcio é preciso entender, com absoluta clareza, o que é o casamento, quais são os seus efeitos e, especialmente, quais os direitos e deveres que emergem da união legal.

O casamento é uma instituição antiga, nascida dos costumes, incentivada pelo sentimento moral e religioso e na atualidade completamente incorporada ao direito pátrio.

O casamento é condição jurídica para existência de certos direitos e, no sentido social, pode ser entendido como uma manifestação de vontade conjunta, subordinada a inúmeros pré-requisitos e a uma cerimônia civil que, cumpridas certas formalidades, substancia e legitima uma união de pessoas. [...]

(Disponível em: <http://www.consumidorbrasil.com.br/consumidorbrasil/textos/familia/casamento.htm#Casamento>. Acesso em: 25 abr. 2010.)

Exemplo 4

Frases curtas – casamento infeliz

- "O ideal no casamento é que a mulher seja cega e o homem, surdo." (Sócrates)
- "O casamento é o fim do romance e o começo da história." (Oscar Wilde)
- "O casamento é como enfiar a mão num saco de serpentes na esperança de apanhar uma enguia." (Leonardo da Vinci)
- "Antes do casamento os olhos devem estar bem abertos; depois do casamento, semicerrados." (Benjamin Franklin)
- "O casamento é a tentativa malsucedida de extrair algo duradouro de um acidente." (Albert Einstein)
- "Deus, para a felicidade do homem, inventou a fé e o amor. O Diabo, invejoso, fez o homem confundir fé com religião e amor com casamento." (Machado de Assis)

(Disponível em: <http://www.pensador.info/frases_cutas_casamento_infeliz/>. Acesso em: 25 abr. 2010.)

É possível perceber que os dois textos têm um referente em comum: o casamento. Em ambos, há a preocupação em propor definições para esse objeto de discurso. Ao compararmos os dois textos, vemos que a maneira como o referente é construído é diferente num e noutro caso.

No exemplo 3, há uma preocupação em conceituar o objeto no plano jurídico, com vistas a propor um entendimento completo sobre o direito ao divórcio e à separação; percebe-se que as expressões utilizadas para caracterizar o casamento (por exemplo, "uma manifestação de vontade conjunta...") apresentam um tom (pelo menos aparentemente) neutro; não há, no texto, uma intenção explícita de tecer comentários sobre a possibilidade de o casamento ser bom ou ruim para os cônjuges, porque esse não é o propósito a que se presta o gênero discursivo em questão, que tem como tópico direitos e deveres em uma união legal.

Já no exemplo 4, a preocupação em marcar posição é evidente; o título já declara que as frases versam sobre casamento infeliz. O sujeito que coletou essas frases (ou, quem sabe, criou algumas delas, atribuindo-as a pensadores famosos, como se faz, por vezes, nos textos encontrados na internet) teve a clara intenção de produzir humor a partir de uma concepção negativa de casamento. E o conjunto de frases explicita essa categorização de forma clara, ao considerar o casamento, por exemplo, como "o fim do romance", "uma tentativa malsucedida" e uma invenção do invejoso diabo para confundir o homem.

Temos, então, que um mesmo objeto do "mundo real" é referenciado de forma diferente nos dois textos, com vistas a atingir os propósitos discursivos específicos de cada interação. Como se costuma dizer, para um fato, há sempre várias interpretações. Para a referenciação, essa ideia é muito preciosa. Na verdade, o processo de construção dos referentes implica que, no fundo, o papel da linguagem não é o de expressar fielmente uma realidade pronta e acabada, mas, sim, o de construir, por meio da linguagem, uma versão, uma elaboração dos eventos ocorridos, sabidos, experimentados.

É muito importante que isso fique claro, pois esse é o principal pressuposto da referenciação: os eventos ocorridos, as experiências vividas no mundo não são estáveis, não são estáticos. Eles sempre são reelaborados a fim de que façam sentido. Falar na reelaboração da realidade pela linguagem não significa dizer que o papel da linguagem é ludibriar, é maquiar a realidade, é disfarçar a verdade – claro que não, porque, no fundo, não há uma verdade absoluta, não há algo "normal", "fiel" que precise ser escondido. Significa apenas que é uma função inerente à linguagem a (re)elaboração das práticas sociais, e, se isso é usado para fins mais ou menos lícitos, é algo que, pelo menos em princípio, escapa ao estudo da linguagem nessa perspectiva.

De início, é sempre muito complicado aceitar a ideia de realidade instável porque nossa presença no mundo parece nos provar o contrário. E o senso comum defende esse contrário com unhas e dentes: como forma de facilitar nossa vida social, é importante crer que há um mundo estável que precisa ser conhecido por meio de formulações racionais, lógicas e confiáveis. Contudo, não é preciso ir muito longe para perceber que não é bem assim que as coisas funcionam. Basta ver como atuamos para interpretar e produzir sentidos por meio dos textos: quando precisamos nos comunicar, estamos frequentemente adaptando, elaborando, modulando o nosso dizer para atender a necessidades surgidas na interação. Em outras palavras, estamos transformando os referentes, ou seja, estamos constantemente *recategorizando* os objetos.

A recategorização referencial (ver Apothéloz e Reichler-Béguelin, 1995) é um fenômeno muito estudado em referenciação; diz respeito à possibilidade de um referente passar por mudanças ao longo de um texto. Essas mudanças estão relacionadas ao direcionamento argumentativo que o produtor pretende dar a seu texto, mas também a outras intenções expressivas, emotivas, poéticas etc.: as funções discursivas da transformação ou recategorização de um referente são muito diversificadas, e seria impossível fechá-las numa única classificação.

Vejamos, então, alguns exemplos de recategorização. Voltemos ao exemplo 2, a crônica sobre o homem apaixonado por carros. Num primeiro olhar, podemos achar que se trata de um texto absolutamente "normal", que narra, de forma neutra, um acontecimento pitoresco. Perceba-se, contudo, que, dependendo do ponto de vista que esteja sendo retratado na narrativa (ou o de um personagem, ou o do próprio narrador, ou de ambos), usar expressões como "esse trambolho" e "o carrão", para se referir à limusine, determina formas diferentes de se interpretar esse referente. A primeira exprime o ponto de vista da viúva do colecionador; a segunda, o do protagonista da história – esse jogo de pontos de vista é viabilizado pelos processos referenciais convocados a cada momento da narrativa, e pode provocar efeitos de sentido fabulosos dentro do discurso literário, por exemplo. Então, dizemos que esse referente passou por uma recategorização e que as expressões em destaque são chamadas *anáforas recategorizadoras* (falaremos sobre as anáforas no próximo capítulo – ver, também, Cavalcante, 2003).

Agora, observemos este outro exemplo:

Exemplo 5

Vilarejo
(Marisa Monte)

Há um vilarejo ali
Onde areja um vento bom
Na varanda, quem descansa
Vê o horizonte deitar no chão

Pra acalmar o coração
Lá o mundo tem razão
Terra de heróis, lares de mãe
Paraíso se mudou para lá

Por cima das casas, cal
Frutas em qualquer quintal
Peitos fartos, filhos fortes
Sonho semeando o mundo real

Toda gente cabe lá
Palestina, Shangrilá
Vem andar e voar
Vem andar e voar
Vem andar e voar

Lá o tempo espera
Lá é primavera
Portas e janelas ficam sempre abertas
Pra sorte entrar

Em todas as mesas, pão
Flores enfeitando
Os caminhos, os vestidos, os destinos
E essa canção
Tem um verdadeiro amor
Para quando você for

(Disponível em: <http://letras.terra.com.br/marisa-monte/441705/>. Acesso em: 14 dez. 2011.)

O tópico central do texto é o vilarejo. Inicialmente, o enunciador apenas nos informa da existência desse lugar. Conforme o texto vai progredindo, vamos formulando uma construção mais detalhada: de um lugar inespecífico, o vilarejo vai se transformando em um lugar aprazível, desejado, bucólico, perfeito para se viver. Contribuem para esse dimensionamento as expressões referenciais "terra de heróis", "lares de mãe" e "paraíso", as muitas predicações sobre o vilarejo – por exemplo, "areja um vento bom", "acalmar o coração", "tem um verdadeiro amor" –, e as anáforas indiretas (que serão definidas no próximo capítulo) – por exemplo, "varanda", "frutas", "peitos fartos", "filhos fortes", "sonho". Vemos, mais uma vez, que o fenômeno da recategorização referencial é um elemento fundamental para a tessitura textual.

Vê-se, então, que a função da linguagem não é, como se costuma pensar, representar objetivamente uma realidade. Trata-se, na verdade, de propor interpretações para as experiências vividas e percebidas. Esse é o primeiro aspecto da referenciação a ser destacado: **a realidade é submetida a reelaborações por parte dos sujeitos que se envolvem na interação**, sendo que uma mesma realidade pode dar origem a referentes distintos. Isso significa que os indivíduos têm a seu dispor um leque de possibilidades linguístico-discursivas quando se trata de construir um referente.

2.2. A atividade de referenciação é uma negociação entre interlocutores

Do jeito que foi colocado até aqui, um provável entendimento a respeito dessa questão de (re)elaboração da realidade seria achar que, quando utilizamos a língua, somos completamente livres para fazermos as construções que quisermos, de acordo com os nossos desejos pessoais. Ou seja, o processo seria totalmente subjetivo. Mas tudo seria muito simples se assim o fosse. As coisas são mais complexas. Para se ter uma ideia, vamos refletir sobre o exemplo seguinte, fragmento de uma crônica de Luis Fernando Verissimo.

Exemplo 6

Diálogo

Toca a campainha e o homem vai abrir a porta, não sem antes dar um passo de dança. Na porta está uma mulher. No caso, "mulher" é eufemismo. Ela é mais do que isto. Se Deus fosse mandar uma amostra do seu trabalho para concurso, mandaria ela. Preciso me lembrar desta frase para dizer depois, pensa ele.
— Olá — diz ela.
— Olá. Entre.
Ela entra e olha em volta.
— Eu sou a primeira?
— Não. Desde os 15 anos eu... Ah, você quer dizer a primeira a chegar. É, é.
[...]
— Me dê seu casaco, sua bolsa...
Ela dá. Ele fica parado ao seu lado. Ela diz:
— Eu não vou tirar mais nada...
— Ah. Certo, certo...
[...]
— Você não falou que ia ter uma festa?
— Onde você estiver, é uma festa.
— Mas você disse que haveria convidados.
— Sim.
— Eu só vejo dois copos.
— Yes.
— E os outros?
— Que outros?
— Os outros convidados.
— Mmm. Sim. Bem. Se eles chegarem, eu...
— "Se"? Quer dizer que eles podem não vir?
— Pode ter havido um esquecimento.
— Eles podem ter se esquecido de vir à festa?
— Ou eu posso ter esquecido de convidar...
— Já vi tudo. A festa é só nós dois.
— Eu prefiro grupos pequenos. Você não? [...]

(Fonte: Verissimo, Luis Fernando. *Comédias da vida privada*: 101 crônicas escolhidas. 15. ed. Porto Alegre: L&PM, 1995, p. 126-127.)

O que se percebe no diálogo é que os dois interlocutores modificam sua perspectiva sobre os objetos referenciados a partir de como o outro reage. Por exemplo, quando o dono da casa modifica o seu entendimento sobre a expressão *a primeira*, ele o faz porque percebe que a pergunta se encaixa em um contexto diferente do que ele pensou inicialmente. Da mesma forma, a convidada modifica sua representação de festa a partir das respostas que o anfitrião galanteador lhe dá, de modo que, na negociação, uma festa em que haveria convidados passa a ser uma festa com *só nós dois*.

O exemplo mostra que a elaboração da realidade de que vínhamos falando não acontece aleatoriamente, ao bel-prazer de quem quiser. O que acontece é que essa elaboração é resultante de **uma negociação entre os participantes**. Em vez de ser um processo subjetivo, trata-se de **um processo negociado, cooperativo, intersubjetivo**, entendendo-se intersubjetividade como uma subjetividade partilhada; quer dizer que, nas interações, as ideias não se processam isoladamente na mente de cada sujeito, mas dependem de como cada um percebe a ação dos outros participantes incluídos na situação. E o modo como cada um compreende essas ações varia de acordo com a bagagem de conhecimentos de cada indivíduo e de circunstâncias contextuais momentâneas. A partir dessa percepção resultante do agir, vão-se estabelecendo as construções negociadas dos referentes.

Essa negociação não se limita ao texto oral: ela também acontece no texto escrito e em qualquer outra modalidade de enunciação, inclusive a que se dá nos ambientes virtuais, porque, em todos os casos, há sempre antecipações do enunciador em relação às possíveis audiências de seu texto.

Voltemos aos textos 3 e 4, que tratavam do *casamento*. Neles, cada escritor constrói seus referentes dentro de uma rede de relações coerentes para que os leitores acreditem no que leem. As informações são apresentadas de maneira que o interlocutor, durante o processo de interpretação, as aceite como válidas. No caso das frases do texto 4, por exemplo, é muito importante colocar metáforas interessantes, que deixem bem marcada a posição do casamento como algo ruim. Isso mostra que os referentes estabelecidos pelos escritores (os quais determinam a orientação argumentativa) também estão sujeitos à aceitação dos interlocutores. Trata-se, portanto, de uma negociação indireta, que começa na antecipação que o escritor faz do(s) seu(s) leitor(es) e que se efetiva na (provável) cooperação do leitor em aceitar entrar na interação e reconhecer a pertinência e validade dos referentes construídos.

2.3. A atividade de referenciação é um trabalho sociocognitivo

Já sabemos que a referenciação implica um trabalho de elaboração da realidade, o que demanda uma negociação entre os participantes de uma interlocução, a fim de que essa elaboração atenda às necessidades de cada interação. Falta, ainda, analisarmos os mecanismos textual-discursivos que nos permitem produzir e compreender os referentes de um texto; falta nós discutirmos sobre a natureza do conhecimento e das habilidades que nos permitem trabalhar a referenciação. Vamos, então, para mais um texto que pode nos ajudar em nosso caminho de descoberta.

Exemplo 7

Já faz 18 meses que não falo com minha esposa. É que não gosto de interrompê-la.

(Disponível em: <http://www.imotion.com.br/frases/?p=9494>. Acesso em: 25 abr. 2010.)

Nessa piada, nós construímos um referente para a esposa do enunciador: ela é uma mulher tagarela. Além dessa inferência, podemos elaborar uma outra, mais generalizante, que denuncia um possível discurso machista por trás desse comentário do enunciador. É interessante observar que não há, no texto, uma confirmação explícita dessa relação entre a expressão (*minha esposa*) e a recategorização inferida, no entanto nós conseguimos percebê-la muito claramente. Somos capazes de fazer essa associação porque trabalhamos cognitivamente a partir das pistas cotextuais, ou seja, usamos nossa capacidade intelectiva para estabelecer as relações textuais explícitas e implícitas. No caso do texto, algumas pistas nos ajudam a fazer essas conexões: os 18 meses em que o marido não fala com a esposa e a informação seguinte em torno de "não interromper".

No primeiro capítulo deste livro, foi dito que o texto é a ponta do *iceberg*; o resto do *iceberg* é conhecido, em grande medida, a partir do esforço cognitivo que fazemos. Isso quer dizer que a atividade referencial é cognitiva, pois a interação linguística só ocorre porque os sujeitos são capazes de processar os textos que produzem e compreendem.

Precisamos destacar que falar em atividade cognitiva, dentro da referenciação, não significa falar exclusivamente nos processos mentais, nas formas de raciocínio que são utilizadas para produzir e interpretar textos. Dentro da proposta teórica que vem sendo abordada aqui, o aspecto cognitivo não pode ser desvinculado do aspecto social. O aparato de conhecimentos armazenados e de mecanismos de processamento textual é originado, enfim, das experiências sociais dos indivíduos. Esses conhecimentos estão sempre sujeitos a mudanças e adaptações conforme essas experiências vão acontecendo. Podemos dizer, a partir dessas observações, que **o processo de construção dos referentes é um fenômeno sociocognitivo**.

Na piada que acabamos de ler, podemos perceber como o conhecimento social é relevante para a interpretação do referente: para estabelecer a recategorização "mulher tagarela", é necessário assumir o estereótipo de que as mulheres falam demais (as esposas em especial). De posse desse conhecimento social é que podemos perceber o humor do texto: inicialmente, pensamos que o período de 18 meses em que o marido não fala com a mulher seria o resultado de uma desavença ou de um sentimento de indiferença entre o casal; o complemento da piada, aliado ao nosso conhecimento sobre o estereótipo da mulher como alguém que fala demais, provê a quebra de expectativa desencadeadora do riso.

Vemos, então, que o processo referencial é essencialmente sociocognitivo. De um lado, o aspecto social põe em relevo a necessidade de se analisarem as expressões referenciais sob o foco dos vários fatores sociais que interferem na configuração textual e que se localizam além dos fatores estritamente linguísticos. Por outro lado, o aspecto cognitivo enfatiza que o processamento referencial é cognitivamente motivado, estratégico, no sentido de que os interlocutores selecionam formas de atuar sobre a produção e recepção de textos, utilizando para tanto o conhecimento (em algum nível) proveniente de sua "bagagem" mental.

Uma vez que traçamos as características básicas da referenciação, podemos agora propor uma definição que apresente globalmente o fenômeno:

O processo de referenciação pode ser entendido como o conjunto de operações dinâmicas, **sociocognitivamente motivadas**, efetuadas pelos sujeitos à medida que o discurso se desenvolve, com o intuito de **elaborar as experiências vividas e percebidas**, a partir **da construção compartilhada** dos objetos de discurso que garantirão a construção de sentido(s).

Como já dissemos, essas são as características básicas. Muitas outras questões sobre a referenciação fazem parte dos estudos da Linguística Textual. Mas, para os objetivos desta obra, entender os princípios gerais da proposta é suficiente.

FAÇA COM SEUS ALUNOS

Atividade 1

Objetivo: refletir sobre o papel da linguagem na construção da realidade, a partir das expressões nominais presentes nos textos.

Leia os textos a seguir e responda às questões que seguem.

Texto 1

O **Departamento de Polícia Federal** (DPF ou PF) é um órgão subordinado ao Ministério da Justiça, cuja função é, de acordo com a Constituição de 1988, exercer a segurança pública para a preservação da ordem pública e da incolumidade das pessoas e do patrimônio.

A Polícia Federal, de acordo com o artigo 144, parágrafo 1º da Constituição Brasileira, é instituída por lei como órgão permanente, organizado e mantido pela União e estruturado em carreira. Atua, assim, na clássica função institucional de polícia. [...] Após 2003, houve uma intensificação dos trabalhos da Polícia Federal a partir de uma reestruturação iniciada pelo Governo Federal, o que desencadeou uma onda de prisões de quadrilhas de criminosos especializados em fraudes eletrônicas na internet e em cartões de débito e crédito, de sonegadores ligados à corrupção e à lavagem de dinheiro, entre outros, e esbarrou em políticos, tanto ligados ao Governo quanto em adversários. Alguns analistas chegam a afirmar que a pressão da Polícia Federal teria levado Roberto Jefferson a denunciar o Mensalão.

(Disponível em: <http://pt.wikipedia.org/wiki/Pol%C3%ADcia_federal >. Acesso em: 1º jul. 2009.)

Texto 2

O brasileiro já se acostumou a ligar o noticiário da TV para assistir ao desfile de carros da Polícia Federal, de onde saem homens parrudos de colete negro para algemar cidadãos apanhados de surpresa em suas casas e escritórios, além de carregar computadores e pilhas de documentos. Promovidas com previsível espalhafato, essas ações costumam receber nomes poéticos, como Operação Pasárgada, destinada a apurar fraudes em prefeituras, ou sensacionalistas, como a Operação Sanguessuga, que investigou desvios na compra de ambulâncias, ou mesmo de inspiração infantil, como Pinóquio, em torno de crimes ambientais.

Embora a Polícia Federal tenha realizado 95 operações desse tipo apenas em 2008, a última delas, batizada Satiagraha – algo como "força da verdade", em sânscrito –, já ocupa um lugar especial na paisagem política brasileira. A operação alimentou-se de quatro anos de investigações policiais e centenas de horas de depoimento e coleta de informações. Gerou filmagens clandestinas e gravações secretas. Realizou um longo trabalho de escuta telefônica e grampos em caixas postais de computador (que preenchem 7 mil páginas de inquérito), em que foram monitorados empresários, políticos, investidores, parlamentares e até Gilberto Carvalho, o mais íntimo auxiliar do presidente Luiz Inácio Lula da Silva. [...]

(Fonte: Revista *Época*, 14 jul. 2008, p. 41.)

Questão 1 – Os textos, embora abordem um tema comum – a Polícia Federal (PF) e suas ações – têm propósitos diferentes. Indique quais seriam esses propósitos.

Questão 2 – A maneira como a PF (e suas ações) é apresentada nos textos é diferente em decorrência dos propósitos destacados na questão anterior. Com base nessa informação, responda ao que se pede.
 a) Em qual dos textos a PF é representada de forma aparentemente "neutra", ou seja, sem que haja um ponto de vista explícito do enunciador a respeito do seu papel na sociedade?
 b) Em qual dos textos o enunciador apresenta um ponto de vista "negativo" (explícito ou implícito) acerca do papel da PF?
 c) Considerando sua resposta ao item anterior, escolha duas expressões nominais do texto apontadas por você que indiquem o ponto de vista negativo acerca do papel da PF;

justifique sua resposta (utilize uma construção do tipo "Essa expressão sugere que a atuação da PF é negativa porque..."). Lembre-se: uma expressão nominal é constituída por um substantivo ou por um substantivo mais elementos que o determinam (artigos, pronomes, adjetivos etc.) ou por um pronome com valor substantivo.

d) Os criminosos mencionados no segundo parágrafo do texto 1 seriam os mesmos "cidadãos apanhados de surpresa" (texto 2, primeiro parágrafo)? Justifique sua resposta.

Questão 3 – Com base nas respostas dadas às questões anteriores, assinale V ou F conforme sejam verdadeiras ou falsas as assertivas a seguir, que versam sobre as funções dos elementos linguísticos em um texto. Discuta oralmente, com seus colegas e seu professor, sobre as justificativas para cada escolha.

( ) O papel da linguagem é o de exprimir a realidade tal e qual ela se apresenta.

( ) Uma mesma realidade pode permitir diferentes representações.

( ) O leitor competente deve interpretar os textos considerando as intenções particulares determinadas em cada situação.

( ) Há textos verdadeiros e há textos mentirosos; cabe ao leitor descobrir a verdade e a mentira a partir da análise dos elementos linguísticos.

Atividade 2
Objetivo: utilizar as expressões referenciais adequadas para o estabelecimento de uma perspectiva sobre um objeto de discurso.
Leia os textos a seguir e faça o que se pede em seguida.

Texto 1

Pela liberdade de uma mulher
Maria Clara Lucchetti Bingemer

Olhos baixos, mãos cruzadas sobre o colo, cabelos muito compridos e rosto magro e afilado, a mulher transmite dor e desalento em sua imobilidade. Desde a selva, essa foi a "prova de vida" que mandaram a sua família. Vida, sim, mas vida que parece esvair-se na tristeza e no desalento de quem se sente vencida pelo prolongado tempo de sofrimento dos últimos seis anos.
Na cidade, outra mulher todos os dias manda uma mensagem para a mulher triste que se encontra na selva. Às 5 horas da manhã, Yolanda Pulecio faz chegar pelas ondas do rádio a própria voz até sua filha Ingrid Betancourt. E na comunicação diária das duas a esperança consegue abrir um caminho, titubeante e frágil, mas o suficiente para manter acesa uma chama por seis longos anos. Ingrid Betancourt Pulecio nasceu em Bogotá, Colômbia, em 25 de dezembro de 1961, filha do ex-senador e ex-embaixador colombiano Gabriel Betancourt e de Yolanda Pulecio, ex-miss Colômbia. Passou parte de sua juventude em Paris, pois o pai era embaixador na Unesco. Com uma infância e uma juventude especialmente agraciadas cultural e existencialmente, a bela Ingrid habituou-se a conviver com gente do nível do poeta Pablo Neruda, do pintor Fernando Botero e do escritor Gabriel García Márquez, amigos da família. Fez seus estudos no Instituto de Estudos Políticos de Paris, onde se licenciou em Ciências Políticas. Mãe de dois filhos do primeiro casamento com um francês, volta à Colômbia e entra na vida política, para lutar contra a máquina de corrupção movida pelo dinheiro do narcotráfico. O crime organizado colombiano logo a colocou sob sua alça de mira. Ingrid sofreu um atentado a bala e várias ameaças para que abandonasse sua luta. Determinada e cheia de coragem, seguiu em frente, sempre combatendo o tráfico e pregando a causa ambiental. Eleita deputada, depois senadora, em 2002, como candidata à presidência, foi sequestrada quando visitava uma zona de combates intensos entre o exército e a organização terrorista das Forças Armadas Revolucionárias da Colômbia (FARC). Há seis anos a selva é a morada desta franco-colombiana de 40 anos de idade. Em recente carta a sua mãe, narra que sobrevive em uma rede posta entre duas estacas, coberta com uma lona.

Os poucos objetos que lhe deixam ter estão sempre prontos para a fuga que se repete incessantemente, buscando outro esconderijo. Entre essas pobres mudas de roupa e objetos pessoais está a Bíblia, diz ela, seu "único luxo".
[...] No Dia Internacional da Mulher é belo ver, na situação limite de um cruel sequestro que parece não ter fim, a força do amor materno maior que qualquer outra coisa. Duas mulheres, mãe e filha, do fundo de sua dor ainda encontram forças para amar e declarar seu amor.
Enquanto Yolanda diz a sua filha que se alimente, para que possa manter a saúde e voltar ao convívio da família, transcende sua dor para manter viva aquela que um dia trouxe em seu ventre e deu à luz. Por seu lado, Ingrid, em meio ao desalento e à exaustão em que se encontra, escreve longamente à mãe, única que sabe não poder viver sem ela.
Que toda essa dor não seja em vão. E que a violência não tenha a última palavra. Que o longo suplício dessas duas mulheres chegue ao fim e possa ser redenção para elas mesmas e para o povo pelo qual lutam.

(Disponível em: <http://www.adital.com.br/site/noticia.asp?lang=PT&cod=32050>. Acesso em: 15 jul. 2008.)

Texto 2

Em 2 de julho de 2008, às 15h16min (hora da Colômbia), o ministro da Defesa do país, Juan Manuel Santos, anunciou a libertação no sul do país, pelo exército colombiano, de quinze reféns: Ingrid Betancourt, três cidadãos dos Estados Unidos e onze agentes policiais e militares colombianos, alguns dos quais eram reféns das FARC havia mais de dez anos. Ingrid Betancourt estava sequestrada havia 2.323 dias. Este resgate ocorreu através da infiltração do exército no comando das FARC, que tinha os reféns em seu poder, conseguindo convencer os sequestradores a reunir num só grupo os reféns. O resgate foi feito por helicóptero, sob o pretexto de levar os reféns para uma inspecção humanitária.
A operação foi a conclusão de uma vasta preparação de infiltração no mais alto nível das FARC. Os reféns só souberam que estavam a caminho da liberdade no helicóptero, pois toda a operação decorreu sem um único tiro e sem qualquer violência.

(Disponível em: <http://pt.wikipedia.org/wiki/%C3%8Dngrid_Betancourt>. Acesso em: 25 abr. 2010.)

Considere que será realizado em sua escola o evento *Personalidades Marcantes*, e uma das atividades consistirá na publicação de textos sobre pessoas que lutam pelos direitos humanos. Você deve escrever um texto sobre Ingrid Betancourt, na forma de carta que seria supostamente enviada a ela, no qual elogia sua trajetória de vida. Você pode utilizar as informações dos textos de apoio, mas deve, também, procurar outras fontes.

Lembre-se: o papel da linguagem é o de apresentar uma realidade de acordo com os interesses específicos de cada situação. Isso quer dizer que você deve apresentar, em sua carta, um conjunto de recursos linguísticos que explicitem, claramente, o tom elogioso que seu texto deve ter. Atente, pois, para o uso de expressões referenciais que vão, aos poucos, recategorizando o referente Ingrid Betancourt.

Atividade 3
Objetivo: construir a coesão referencial a partir da recategorização lexical.
Leia o texto a seguir e faça o que se pede.

Inimigos

O apelido de Maria Teresa, para Norberto, era "Quequinha". Depois do casamento, sempre que queria contar para os outros uma da sua mulher, o Norberto pegava sua mão, carinhosamente, e começava:
— Pois a Quequinha...
E a Quequinha, dengosa, protestava:
— Ora, Beto!
Com o passar do tempo, o Norberto deixou de chamar a Maria Teresa de Quequinha; se ela estivesse ao seu lado e ele quisesse se referir a ela, dizia:
— A mulher aqui...
Ou, às vezes:
— Esta mulherzinha...
Mas nunca mais de Quequinha.

(O tempo, o tempo. O amor tem mil inimigos, mas o pior deles é o tempo. O tempo ataca em silêncio. O tempo usa armas químicas.) Com o tempo, Norberto passou a tratar a mulher por "Ela".
— Ela odeia Charles Bronson.
— Ah, não gosto mesmo.
Deve-se dizer que o Norberto, a esta altura, embora a chamasse de Ela, ainda usava um vago gesto da mão para indicá-la. Pior foi quando passou a dizer "essa aí" e apontar com o queixo.
— Essa aí...
E apontava com o queixo, até curvando com a boca com um certo desdém.
(O tempo, o tempo. O tempo captura o amor e não mata na hora. Vai tirando uma asa, depois a outra...)
Hoje, quando quer contar alguma coisa da mulher, o Norberto nem olha na sua direção. Faz um meneio de lado com a cabeça e diz:
— Aquilo...

(VERISSIMO, Luis Fernando. *Novas comédias da vida privada.* Porto Alegre: L&PM, 1996, p. 70-71.)

O texto mostra as diferentes maneiras de um marido se referir a sua mulher com o passar do tempo. Dizemos que cada uma das expressões (*Maria Teresa, Quequinha, A mulherzinha aqui, Esta mulherzinha, Ela, Essa aí, Aquilo*) faz parte de uma cadeia coesiva sobre esse referente. A cada nova menção, o referente vai se transformando.

Com base nessas informações, produza um texto no qual um referente passe por transformações, as quais devem receber uma nomeação adequada. Se preferir, siga uma das sugestões a seguir:
- o vigor físico de acordo com a idade;
- o papel da religião na história da humanidade;
- a imagem dos pais durante a adolescência;
- a imagem do(a) namorado(a) antes e depois de um episódio de infidelidade.

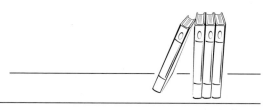

Expressões referenciais e suas funções no texto

Neste capítulo, vamos conhecer os processos referenciais. Há, *grosso modo*, três processos: a introdução referencial, a anáfora e a dêixis. Inicialmente, vamos ver as características de cada um deles. Em seguida, comentamos sobre as funções discursivas efetivadas pela utilização de expressões referenciais.

1. Introdução referencial

Para começar, vejamos o texto a seguir:

Exemplo 1

O bêbado, no ponto do ônibus, olha pra uma mulher e diz:
— Você é feia, hein?
A mulher não diz nada. E o bêbado insiste:
— Nossa, mas você é feia demais!
A mulher finge que não ouve. E o bêbado torna a dizer:
— Puxa vida! Você é muito feia!
A mulher não se aguenta e diz:
— E você é um bêbado!
— É, mas amanhã eu melhoro...
(Disponível em: <http://www.piadas.com.br/piadas/bebados/vida-d-bebado>.
Acesso em: 23 abr. 2010.)

Nesse texto, vemos que as expressões *O bêbado* e *uma mulher* não estão relacionadas a nenhum elemento anteriormente mencionado. Os dois referentes são introduzidos cotextualmente, pela primeira vez, a partir das expressões referenciais mencionadas. Essas expressões são chamadas introduções referenciais. Não estamos, com isso, querendo afirmar que toda forma de introduzir objetos de discurso se faz por meio de expressões referenciais. Estamos dizendo, sim, que, quando um referente é introduzido por uma expressão referencial, ele pode ter ou não alguma ligação com outros referentes que aparecem antes no cotexto.

Temos, assim, que a introdução referencial ocorre quando um "objeto" até então não apresentado é introduzido no texto, sem que haja qualquer elemento do discurso em que ele esteja "ancorado" anteriormente.

Podemos dizer, então, que existem dois tipos de introdução de referentes que se realizam por meio de expressões referenciais: as que estão e as que não estão relacionadas a algum elemento no cotexto. Quando não há relação com nenhum outro referente do texto, dizemos que se trata de uma introdução referencial pura, mas quando há pelo menos uma "âncora" (um elemento anterior ao qual a expressão referencial está associada) chamamos de anáfora indireta.

2. Anáforas

Diferentemente da introdução referencial, a estratégia anafórica diz respeito à continuidade referencial, ou seja, à retomada de um referente por meio de novas expressões referenciais. As expressões que retomam referentes já apresentados no texto por outras expressões são chamadas de anáforas diretas ou anáforas correferenciais. Vejamos o texto seguinte, no qual foram destacadas as expressões referenciais anafóricas, responsáveis pela retomada do referente introduzido pela expressão "Patativa do Assaré".

Exemplo 2

Patativa do Assaré ★ 05/03/1909 ★ 08/07/2002

Poeta e repentista cearense, nascido na localidade de Serra do Santana, próximo de Assaré, cego de um olho desde os 4 anos de idade, Antonio Gonçalves da Silva alfabetizou-se aos 12, quando frequentou a escola por alguns meses, começando logo em seguida a compor versos. Iniciou-se como cantador e violeiro aos 16 anos, e três anos depois, numa viagem ao Pará, recebeu o apelido de Patativa. Com o passar dos anos, ele foi se tornando conhecido na região, e em 1956 publicou seu primeiro livro, *Inspiração Nordestina*. Mais tarde teve outras coletâneas de poemas publicadas, além de diversos folhetos de cordel. Patativa conheceu a fama em 1964, quando Luiz Gonzaga, o Rei do Baião, gravou *Triste Partida*, de sua autoria. Em 1972 o cantor Fagner gravou sua música "Sina" e mais tarde tornou-se produtor de seus discos.

(Fonte: Adaptado de <http://cliquemusic.uol.com.br/artistas/ver/patativa-do-assare>. Acesso em: 12 dez. 2011.)

Observemos que as retomadas podem ser realizadas por estruturas linguísticas diversas:
- Pronomes: "ele"; "seu".
- Novo sintagma nominal: "Poeta"; "repentista cearense"; "Antonio Gonçalves da Silva".
- Repetição de um item lexical ou pronominal: "Patativa"; "ele".

Todas essas formas referenciais foram utilizadas para retomar um mesmo referente; por isso, são consideradas **anáforas diretas** ou **correferenciais**. Para a ocorrência de anáfora, não é necessário, no entanto, que haja obrigatoriamente *correferencialidade*, ou seja, que nova expressão represente precisamente um referente já construído no texto. Pode até parecer estranho, mas é possível que uma anáfora introduza um novo referente no discurso, como dissemos anteriormente. Vejamos como isso acontece.

Exemplo 3

Ensinamento

Minha mãe achava estudo
a coisa mais fina do mundo.
Não é.
A coisa mais fina do mundo é o sentimento.
Aquele dia de noite, o pai fazendo serão,
ela falou comigo:
'coitado, até essa hora no serviço pesado'.
Arrumou pão e café, deixou tacho no fogo com água quente.
Não me falou em amor.
Essa palavra de luxo.

(Fonte: PRADO, Adélia. Disponível em: < http://www.revista.agulha.nom.br/ad.html>. Acesso em: 31 dez. 2011.)

Exemplo 4

Era um feriado de ano novo, e todos no hospício estavam muito felizes, brincando em uma piscina, que acabara de ser instalada, quando chega o fim da tarde e um louco fala com o médico:
– Adorei o dia de hoje, todos estão gostando muito da piscina, né, doutor?
O médico responde:

– É verdade.
O louco pergunta novamente:
– Amanhã vamos poder brincar na piscina?
Mais uma vez, o médico responde:
– Sim, amigo, amanhã vai estar muito melhor: vamos colocar água nela.
(Disponível em: <http://mais.uol.com.br/view/e8h4xmy8lnu8/1-de-janeiro-0402CC9C3664C0A12326?types=A&>. Acesso em: 1 jan. 2012.)

Podemos observar que a anáfora "o pai" do poema (exemplo 3) aparece no texto pela primeira vez, porém essa expressão é apresentada no cotexto como se já fosse conhecida; a prova disso é que vem introduzida por um artigo definido, que indica para o leitor que ele já deve, de alguma maneira, saber do que se trata. E, de fato, o leitor tem plenas condições de interpretá-la, pois a expressão ancora no fato de que se estava falando da mãe do enunciador, por isso associa imediatamente ao pai do enunciador, partindo do nosso conhecimento de mundo de que todos têm mãe e pai.

Em outras palavras, a anáfora ativa um novo objeto de discurso, cuja interpretação é dependente de dados introduzidos, mas não retoma o mesmo referente, como é o caso também da expressão "o médico" do exemplo 4, cuja manifestação como já conhecida decorre dos nossos conhecimentos prévios estabelecerem uma relação entre "hospício" e "médico".

São esses conhecimentos que autorizam o enunciador a formalizar as expressões como definidas, dizendo "o pai" ou "o médico". Apesar de essas expressões aparecerem no texto pela primeira vez, elas se tornam altamente previsíveis dentro do contexto discursivo. Essa estratégia, em que um novo referente é apresentado como já conhecido, em virtude de ser inferível por conta do processamento sociocognitivo do texto, é chamada **anáfora indireta**.

As anáforas indiretas evidenciam essencialmente três aspectos: a não vinculação da anáfora com a correferencialidade;

a introdução de referente novo e o *status* de referente novo expresso no cotexto como conhecido.

Para ocorrer anáfora, nem mesmo é necessário que exista uma expressão anterior precisa, pontual, que se possa localizar facilmente no cotexto. Às vezes, o anafórico remete a longos trechos que não podem ser identificados a uma "entidade", a um referente que lhes sirva de âncora, como no exemplo seguinte:

Exemplo 5

Crime e desemprego

Manifesto meu descontentamento com a pesquisa divulgada na revista *Época*. Os pesquisadores estabeleceram que todo desempregado é um delinquente em potencial, o que é um absurdo. Existem milhões de pessoas neste país atuando na economia informal que não roubam, são cidadãos com dignidade. O problema da criminalidade no Brasil é causado pela impunidade. Nossa democracia é altamente permissiva, naquele estilo: a moda é descumprir as leis, afinal não há punição mesmo. Um adolescente com 16 anos já pode votar para presidente, pode ter relações sexuais com sua namoradinha, pode matar alguém no meio da rua, mas não pode ser responsabilizado penalmente por isso.

(Fonte: Texto adaptado de Jorge L. Rosa Silva – Porto Alegre, RS (seção "Cartas"). *Época*, 12/04/2004.)

No exemplo 5, o anafórico "naquele estilo" não retoma nenhum referente específico do cotexto. Na verdade, "naquele estilo" resume (dizemos *encapsula*) mais ou menos o que será dito posteriormente: "a moda é descumprir as leis, afinal não há punição mesmo". Não existe, portanto, uma expressão precisa, mas um tipo de referência difusa a todo o trecho. É muito comum também o uso dos pronomes demonstrativos "isto" e "isso" para encapsular porções textuais. No texto, o demonstrativo sublinhado exerce essa função. A expressão "isso" no fim do texto encapsula o conteúdo "pode matar alguém no meio da rua".

Essa estratégia anafórica, na qual uma expressão referencial resume um conteúdo textual, e inclui outros conhecimentos que temos sobre o que está sendo referido, é chamada de **anáfora encapsuladora**.

Podemos, então, resumir as estratégias de referenciação abordadas até aqui no seguinte quadro:

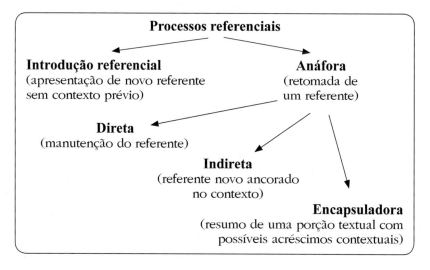

3. Dêixis

Além dos processos referenciais de retomada, existe outro tipo de referenciação conhecido como *dêixis*. As expressões referenciais dêiticas tanto podem introduzir objetos de discurso, como podem retomá-los, assim como acontece, respectivamente, com as introduções referenciais e com as anáforas. O que caracteriza um dêitico não é o fato de ele poder constituir uma introdução referencial ou poder compor uma retomada anafórica. O que define um dêitico é outra propriedade: a de só podermos identificar a entidade a que ele se refere se soubermos, mais ou menos, quem está enunciando a expressão dêitica e o local ou o tempo em que esse enunciador se encontra.

Atentemos para os dois textos seguintes:

Exemplo 6

Quando eu estou aqui
Eu vivo esse momento lindo
Olhando pra você
E as mesmas emoções sentindo
São tantas já vividas
São momentos que eu não esqueci
Detalhes de uma vida
Histórias que eu contei aqui...

(Fonte: Erasmo Carlos/Roberto Carlos. Disponível em: <http://letras.terra.com.br/roberto-carlos/48587/>. Acesso em: 12 dez. 2011.)

Exemplo 7

PROMOÇÃO IMPERDÍVEL

Hoje começa a promoção do Jornal **O DIA** que dará um Minidicionário Evanildo Bechara e promete não deixar nenhum leitor derrapar no português.

(Disponível em: <http://odia.terra.com.br/portal/educacao/html/2010/2/promocao_do_minidicionario_evanildo_bechara_comeca_hoje_e_voce_nao_vai_poder_ficar_de_fora_62791.html>. Acesso em: 24 fev. 2010.)

O que chama a atenção nesses textos é a ocorrência de certas expressões que só podem ser plenamente entendidas se o interlocutor souber algumas "coordenadas" do enunciador: **quem fala, para quem fala, de onde fala** e **quando fala**. Na música "Emoções", a compreensão dos referentes equivalentes às expressões sublinhadas só acontece, exatamente, quando há o conhecimento de quem é o "eu", o "você", onde é "aqui" etc. E, no texto "Promoção Imperdível", embora se consiga compreender as informações, a "promoção" fica mais clara se levarmos em conta que a expressão "hoje" não remete ao dia de hoje especificamente, mas, sim, ao dia 6 de fevereiro de 2010, data na qual foi publicada no jornal. Em outras palavras, a adequada interpretação dessas expressões necessita de coordenadas, no tempo e no espaço, que vão além do que está explícito no cotexto.

A necessidade de tais coordenadas é fundamental para o fenômeno da dêixis. Tal fenômeno diz respeito à **localização e identificação de diversos aspectos** (pessoas, objetos, eventos, processos) em relação a um contexto espaçotemporal, criado em uma situação de enunciação em que haja pelo menos um falante e um ouvinte.

Observemos que o falante "aponta" para os elementos de acordo com a posição onde se encontra, e esse apontar é responsável pela construção de referentes que só podem ser interpretados adequadamente se se levar em conta a posição inicial desse falante.

Temos, então, que, nos casos de dêixis, a expressão referencial remete a um referente que não se acha representado no cotexto, mas cuja imagem pode ser divisada no tempo/espaço real de fala, ou exige que o interlocutor pressuponha quem é o enunciador e quando ou onde ele se localiza. Se um falante solicita a um ouvinte "Desligue você mesmo esse aparelho", este provavelmente saberá identificar, dentre os objetos que os cercam, qual deles se aproxima da imagem que o falante construiu. E, certamente, ele não vai pensar que se trata de uma mesa, ou de um livro, ou de uma escova de dente que se encontrem perto dele no momento da conversa. Também por estar "monitorando" a situação comunicativa, ele conseguirá reconhecer que "você mesmo" se refere a ele, e não a uma pessoa do lado. Dizemos, então, que "esse aparelho" e "você" são expressões referenciais dêiticas, porque, para serem reconhecidas, exigem que se saiba quem fala, com quem se fala, onde e quando se passa a comunicação.

Os três tipos de dêixis tradicionalmente abordados são a dêixis pessoal, a dêixis espacial e a dêixis temporal, exemplificadas, respectivamente, nos textos anteriores, "Emoções" e "Promoção imperdível". Vejamos outros exemplos:

3.1. Dêixis pessoal

Exemplo 8

— Amanhã **eu te** encontro aqui às 10h.
— **Eu** não estou disponível! Pode ser de tarde?

Observe que a interpretação deste enunciado requer o conhecimento das coordenadas de pessoa, EU-TU. Não é possível, para o leitor desse texto, associar as expressões dêiticas *eu te* às entidades a que eles se referem, por isso a compreensão do texto fica comprometida. Nesse caso, podemos definir o conceito de dêixis pessoal como expressão utilizada pelo sujeito para remeter aos interlocutores, ou seja, às pessoas do discurso (EU e TU/VOCÊ).

3.2. Dêixis espacial

Exemplo 9

Canção do exílio

Minha terra tem palmeiras,
Onde canta o Sabiá;
As aves que <u>aqui</u> gorjeiam
Não gorjeiam como <u>lá</u>.

Nosso céu tem mais estrelas,
Nossas várzeas têm mais flores,
Nossos bosques têm mais vida,
Nossa vida mais amores.

Em cismar, sozinho, à noite,
Mais prazer eu encontro lá;
Minha terra tem palmeiras,
Onde canta o Sabiá.

Minha terra tem primores,
Que tais não encontro eu <u>cá</u>;
Em cismar – sozinho, à noite –
Mais prazer eu encontro <u>lá</u>;

Minha terra tem palmeiras,
Onde canta o Sabiá.
Não permita Deus que eu morra,
Sem que eu volte para <u>lá</u>;

Sem que desfrute os primores
Que não encontro por <u>cá</u>;
Sem qu'inda aviste as palmeiras,
Onde canta o Sabiá.

(Fonte: DIAS, Gonçalves. Disponível em: <http://www.horizonte.unam.mx/brasil/gdias.html>. Acesso em: 14 dez. 2011.)

Como podemos perceber, o eu lírico do poema "Canção do exílio", de Gonçalves Dias, faz referência a dois espaços distintos: *aqui* e *lá*. Essas coordenadas são importantes para que o leitor compreenda os dois locais que estão sendo comparados no poema, no caso, Portugal (aqui) e Brasil (lá). Só podemos identificar, com precisão, esses referentes se esse conhecimento sobre a biografia do poeta fizer parte de nossa bagagem cultural. Mas, mesmo que não tenhamos essa informação exata do lugar de onde fala o enunciador, saberemos, com certeza, que ele não se encontra no Brasil, pois, do contrário, não teria se referido ao país como *lá*, mas como *aqui*.

Como vemos, a **dêixis espacial** aponta para informações de lugar, tendo como ponto de referência o local em que ocorre a enunciação. Os dêiticos espaciais evidenciam a relação de maior ou menor proximidade relativamente ao lugar ocupado pelo enunciador. Esses sinalizadores podem ser encontrados na forma de advérbios ou locuções adverbiais de lugar (ex.: "aqui", "cá", "além", "acolá", "aqui perto", "lá de cima" etc.), como determinantes e pronomes demonstrativos (ex.: "este", "essa", "aquilo", "o outro", "a mesma" etc.).

3.3. Dêixis temporal

Assim como o espaço, outra coordenada importante na elaboração de um enunciado é o tempo. Vejamos um exemplo no texto a seguir:

Exemplo 10

> **Ditador na cadeia**
>
> Último presidente da ditadura militar argentina (1976-1983), Reynaldo Bignone, de 82 anos, foi condenado na semana passada a 25 anos de prisão por crimes contra a humanidade. [...]
>
> (Fonte: Revista *Época*, 26 abr. 2010, p. 16.)

Por se tratar de um texto jornalístico, é fundamental que o leitor saiba a data a que se refere a expressão "na semana passada", e essa coordenada, é lógico, tem que vir explicitada, para que o leitor da revista em questão saiba que a coordenada temporal tem como referência a data de publicação do texto lido: 26 de abril de 2010. Dessa forma, podemos conceituar a dêixis temporal da seguinte forma: os **dêiticos temporais** localizam no tempo do enunciador determinados fatos, isto é, utilizam como ponto de referência o "agora" da enunciação. Desempenham essa função os advérbios, as locuções adverbiais ou as expressões indicadoras de tempo (ex.: "amanhã", "ontem", "na semana passada", "no dia seguinte" etc.) sufixos flexionais de tempo-modo (ex.: "falarei"; "falo", "falei" etc.).

4. Anáfora e dêixis

Anáfora e dêixis não são fenômenos mutuamente excludentes, como se poderia presumir, pois podem conviver pacificamente num mesmo enunciado, como no texto a seguir:

Exemplo 11

O melhor emprego que Lula arranjou foi o de operário numa metalúrgica, onde se fabricam carros. Foi lá que ele começou a se destacar.

(Fonte: Nota do caderno *Clubinho*, do jornal *O Povo*, 28 dez. 2002.)

O elemento grifado "lá" é anafórico, por retomar diretamente uma expressão cotextual, aquela que está mencionada, "uma metalúrgica", mas é ao mesmo tempo dêitico, por dar a pressupor que o lugar onde o falante se encontra está distante do local referido na expressão.

Vimos, então, uma breve descrição das três principais estratégias referenciais. É importante observar, contudo, que nossa intenção foi apresentar um esquema básico desses processos. Na verdade, os estudos em referenciação têm discutido bastante, atualmente, a pertinência dessa classificação. Para nossos objetivos, o que foi mostrado aqui é suficiente.

5. As funções textual-discursivas das expressões referenciais

Os processos referenciais que acabamos de conhecer não acontecem à toa; ao contrário, desempenham papéis importantes na tessitura textual. Eles exercem funções textual-discursivas que podem servir para organizar, argumentar, introduzir referentes, entre outras possibilidades. Isso não quer dizer que devemos acreditar que existe um antecedente ou um "gatilho" explícito que ative essas formas de retomada, mas que a elaboração global do texto nos fornece pistas sobre o que põe essas estratégias em funcionamento.

A partir de agora, vamos conhecer algumas, entre muitas, das funções discursivas dos processos referenciais. Entre essas funções, encontramos, além da introdução de novos referentes nesses casos e da recategorização (estudadas no capítulo anterior e neste capítulo, previamente), as seguintes: o encapsulamento de orações inteiras do cotexto, a organização e a centração de partes do texto, a marcação da heterogeneidade enunciativa, o convite para uma ativação na memória, a indicação dos participantes da enunciação e a estratégia argumentativa de colocar em cena várias vozes no texto/discurso.

Para conhecer algumas delas na prática, tomemos como exemplo o texto a seguir.

Exemplo 12

Morreu de confusão (carta de um suicida)

Foi encontrada no bolso de um suicida, em Maceió, a seguinte carta:
"Ilmo. Sr. Delegado de Polícia:
Não culpe ninguém pela minha morte. Deixei esta vida porque, um dia mais que eu vivesse, acabaria morrendo louco. Explico-lhe, Sr. Delegado: tive a desdita de casar-me com uma viúva, a qual tinha uma filha. Se eu soubesse disso, jamais teria me casado.

Meu pai, para maior desgraça, era viúvo, e quis a fatalidade que ele se enamorasse e casasse com a filha de minha mulher. Resultou daí que minha mulher tornou-se sogra de meu pai. Minha enteada ficou sendo minha mãe, e meu pai era, ao mesmo tempo, meu genro. Após algum tempo, minha filha trouxe ao mundo um menino, que veio a ser meu irmão, porém neto de minha mulher, de maneira que fiquei sendo avô de meu irmão. Com o decorrer do tempo, minha mulher também deu à luz um menino que, como irmão de minha mãe, era cunhado de meu pai e tio de seu filho, passando minha mulher a ser nora de sua própria filha.

> Eu, Sr. Delegado, fiquei sendo pai de minha mãe, tornando-me irmão de meu pai e de meus filhos, e minha mulher ficou sendo minha avó, já que é mãe de minha mãe. Assim, acabei sendo avô de mim mesmo.
> Portanto, Sr. Delegado, antes que <u>a coisa</u> se complicasse mais, resolvi desertar deste mundo.
> Perdão, Sr. Delegado."
>
> (Fonte: Seção "O impossível acontece", da revista *O Cruzeiro*, s/d. Disponível em: <http://oglobo.globo.com/blogs/cat/post.asp?cod_post=55258>. Acesso em: 15 abr. 2010.)

O texto apresenta referentes sempre dinâmicos, que vão se transformando à medida que o texto evolui. A confusão nesse exemplo, como o próprio título sugere, é tão grande que leva o próprio locutor ao suicídio. A interpretação dos referentes nesse caso solicita, de fato, muito esforço cognitivo, devido à sua dinamicidade tão marcada. Por exemplo, como interpretar o locutor, introduzido primeiramente como "suicida", depois recategorizado, entre outras coisas, como avô dele mesmo?

Uma estratégia conveniente para retomar toda essa "confusão" foi a que o escritor utilizou, de retomar o fato com a palavra "coisa", fazendo um sumário de toda a unidade textual precedente, numa estratégia de **encapsulamento anafórico**. É interessante observar a escolha lexical de "coisa": o escritor poderia ter selecionado "fato", "situação", "problema", mas optou por "coisa", que é algo inominável – tamanha fora a confusão ocorrida, que não havia nem como avaliar com um substantivo mais rico.

O efeito dessa substituição resumitiva no texto é uma questão de economia e organização, ou seja, para não ter que repetir tudo o que foi predicado antes, utiliza-se uma expressão nominal que substitui essa predicação, um **rótulo**. Rótulos são anáforas encapsuladoras de núcleo nominal que resumem uma porção de texto e inauguram um novo referente e, portanto, um novo tópico para o discurso (Francis, 2003).

E se não tivéssemos a estratégia de resumir o que falamos ou escrevemos? Nunca concluiríamos nossas ideias, por certo! Além da função de organizar e resumir, os encapsulamentos podem exercer o papel de **antecipar informações**. Vejamos no artigo de opinião a seguir, da autoria de Diogo Mainardi, como essa ferramenta funciona:

Exemplo 13

Espalhar a riqueza

O tema da campanha eleitoral americana, na última semana, foi "espalhar a riqueza". Barack Obama, ao ser interrogado por um encanador de Ohio, prometeu isso mesmo: seu governo irá "espalhar a riqueza", aumentando os impostos dos mais ricos e enviando dinheiro pelo correio aos mais pobres. John McCain partiu para o ataque. Ele repetiu sem parar – em debates, em comícios, em entrevistas –, que a meta da política fiscal de Barack Obama era redistribuir renda. Disse que Barack Obama pretendia transformar os Estados Unidos em algo parecido com um país europeu. Pior: com uma França. Sarah Palin, cumprindo seu papel guerrilheiro, botocudo, foi ainda mais longe: ela associou os projetos de Barack Obama ao socialismo.

Num lugar como o Brasil, em que redistribuir renda é um paradigma que ninguém ousa questionar, o argumento da campanha de John McCain pode parecer uma insanidade. Mas ele colocou direitinho o que diferencia os Estados Unidos do resto do mundo: em vez de espalhar a riqueza, os americanos acreditam apenas em espalhar oportunidades. Dessa maneira, quem for mais competente, quem for mais trabalhador, até mesmo quem for mais sortudo, naturalmente será recompensado. Os americanos – ou, pelo menos, uma parcela deles – estigmatizam a ideia de que o governo deve confiscar a riqueza de quem a produz para distribuí-la aos demais. Por um motivo bastante simples: para eles, um empreendedor que sabe ganhar dinheiro sempre saberá investi-lo melhor do que um burocrata estatal, produzindo mais riqueza e gerando mais empregos.

(Disponível em: <http://veja.abril.com.br/idade/podcasts/mainardi/integra_221008.html.> Acesso em: 22 out. 2008.)

Vemos que essa estratégia preditiva ocorre com frequência no texto, de forma que ajuda a promover sua organização, articulando tópicos e subtópicos. O **tópico**, como já vimos nesta obra, é o assunto que dota o texto de coerência, e, em torno dele, podem versar vários subtemas. Suas principais propriedades são de **centrar** e de **organizar** as informações que se articulam no texto (Jubran, 1993). É assim que vemos o encapsulamento prospectivo, ou seja, aquele antecipado, como uma estratégia de evidenciar o tópico mais relevante para dado momento daquela enunciação.

As anáforas encapsuladoras, assim, resumem estágios de argumentos, "à medida que o escritor apresenta e avalia suas próprias proposições e as de outras fontes" (Francis, 2003: 191). Essas anáforas ajudam na organização macrotextual, ou seja, na organização dos subtópicos do texto, pois indicam o fechamento de uma porção textual e funcionam como sinalizadores argumentativos, conduzindo o interlocutor para o estágio seguinte.

Nesse texto de Mainardi, a primeira anáfora encapsuladora, "isso mesmo", remete à expressão anterior "espalhar a riqueza", mas a ela é acrescida mais informação, a de que o governo irá espalhar essa riqueza, mas "aumentando os impostos dos mais ricos e enviando dinheiro pelo correio aos mais pobres". Vemos que a anáfora convoca o tópico novamente para centrá-lo nesse discurso.

Com a anáfora "Pior", que consideramos anafórico porque parece implicitar "pior do que isso", o locutor exprime uma avaliação do tópico anterior – Obama iria transformar os Estados Unidos em um país europeu – e recategoriza "país europeu" por "França", oferecendo seu julgamento de que, para os americanos, ser como um país europeu é ruim, mas ser como a França é pior ainda. Isso é algo particularmente curioso nesse caso, porque chama o conhecimento enciclopédico do leitor que, sem saber que os europeus, e sobretudo os franceses em geral, não têm a cultura capitalista de acumular dinheiro e nem de esbanjá-lo, ficaria à mercê de outras pistas ou de um trabalho cognitivo mais intenso para interpretar essa retomada.

Com "foi ainda mais longe", o locutor exprime a gradação dos seus enunciados, depreciativos em relação a Obama, apenas no momento em que dão voz aos seus opositores, nesse ponto da enunciação: Obama irá transformar os Estados Unidos num país europeu; na França; num país socialista. Observe que o tópico vai se graduando, ao ser acrescido de avaliações nos subtópicos, mas se mantém ativado e focalizado, afinal, o locutor continua falando de "espalhar a riqueza".

Outro aspecto que você terá percebido são as aspas em "espalhar a riqueza". A utilização dessa sinalização marca com precisão a posição do locutor, que faz questão de destacar que a fala, ou seja, a voz, não é dele, mas de outro, mesmo que ele depois concorde com ela. As aspas aqui marcam, então, a **heterogeneidade enunciativa** (Authier-Revuz, 2004), quando é denunciado embate de vozes, que podem representar, por vezes, diferentes discursos. Além disso, no caso desse excerto, as aspas marcam o tópico central, que vai se articulando em subtópicos, mas que constitui o assunto principal do texto, como um mote.

Como vimos no exemplo anterior, as anáforas encapsuladoras servem, entre outras coisas, como ferramentas para esta dupla estratégia de centração do tópico e de organização temática do texto, dando-lhe coerência e facilitando a sua interpretação, uma vez que retomam as proposições anteriores, muitas vezes as avaliando explicitamente. Essa avaliação também pode ser vista em "uma insanidade", que retoma "o argumento da campanha de John McCain", depois requalificando a informação-suporte por meio de um "mas".

É fácil observar que as expressões referenciais agem no discurso colocando ordem na casa? São vários os papéis que essas expressões podem desempenhar, como, por exemplo, quando expressam o **convite para uma ativação na memória**. Ciulla e Silva (2008) defendem que a estratégia de apelar para a memória do interlocutor, que precisa preencher a imagem do texto com as próprias experiências, é uma forma de trazer o leitor para perto da situação.

Por exemplo, numa notícia cuja manchete era "Chinês põe rodas triangulares na magrela", o lide dizia: "Parece uma ideia que saiu do desenho dos Flintstones: uma bicicleta com rodas triangulares". Muitas pessoas não chegariam à interpretação de que os Flintstones viviam na Idade da Pedra, tendo em vista que o desenho dos anos 1980 já saiu das programações televisivas mais populares, então, há uma faixa etária a partir da qual esse referente não consegue mais se atualizar. O próprio substantivo "magrela" pode fugir à interpretação de muitas pessoas, sendo recategorizado no lide por "bicicleta". O texto da notícia não remete novamente a Flintstones:

Exemplo 14

> O inventor do novo meio de locomoção, o chinês Guan Baihua, afirma que a bicicleta força o ciclista a pedalar mais forte, fazendo mais exercício. Além disso, ele "queria dar uma alternativa às entediantes bicicletas comuns". Então tá, só falta a invenção pegar.
>
> (Disponível em: <http://noticias.uol.com.br/tabloide/> Acesso em: 13 maio 2009.)

Muito ao contrário, o locutor dificulta a interpretação de Flintstones, recategorizando "magrela" e "bicicleta com rodas triangulares" por "novo meio de locomoção". Ora, se é novo, não poderia remeter à Idade da Pedra, não é mesmo? O redator usa aqui a estratégia de remeter sem dizer, apelando somente para a memória. Esse é o tipo do texto que deixa os leitores que não compartilham dessa informação "a ver navios".

É importante observarmos que a presença de uma função textual-discursiva nas expressões anafóricas não exclui a presença de outras, pois frequentemente essas atividades se superpõem.

Por exemplo, vemos uma estratégia combinada de ativação na memória e de **recategorização metafórica** no seguinte *slogan* para uma campanha educativa de trânsito do STRANS-Teresina: "Quem costura o trânsito chega no ponto cruz". O idealizador da campanha manteve o sentido de costurar, num plano literal, quando temos agulha e linha, e o sentido metafórico de costurar no trânsito, fazer ultrapassagens arriscadas e rápidas. Os dois campos de sentido nos permitem interpretações possíveis, mas há uma limitação no plano literal, porque costurar o trânsito não é algo possível. Assim, é homologada a interpretação metafórica de fazer zigue-zagues no trânsito.

"Ponto cruz" é uma expressão que apela para a memória do interlocutor, fugindo ao conhecimento enciclopédico de uma boa parcela dos falantes/leitores; além disso, recategoriza o verbo "costurar", numa anáfora indireta que ressignifica esse verbo e assume o estatuto metafórico de representação da morte, pois cruzes são colocadas nas estradas quando as pessoas morrem naquele local. Assim, "ponto cruz" não é nem o ponto cruz da costura e nem exatamente um ponto na estrada com cruzes, mas, sim, representa a morte. Por isso, dizemos que ocorreu, com a expressão "ponto cruz", uma recategorização metafórica. Além dessa estratégia de apelo à memória e de recategorização, vemos ainda uma função estilística, pois é corriqueira a expressão "costurar no trânsito" e não "costurar o trânsito". Quando o publicitário selecionou "costurar o trânsito", ele construiu a imagem do motorista como um costureiro, capaz de cerzir a sua própria mortalha.

Estamos vendo como os textos são intencionais na medida em que colocam em jogo estratégias diversas de permitir aos interlocutores interpretar sentidos múltiplos. A língua nos favorece, pois cria certas ambiguidades que complicam ainda mais a tarefa de produzir sentido, na mesma proporção em que consente muita criatividade. Na piada a seguir, em que se cria uma ambiguidade linguística, vemos as funções de **indicar os** participantes da enunciação, por meio de dêiticos pessoais, como, nessa piada, "tu"/"seu"/"teu", e a função de **criar um efeito estilístico** também:

Exemplo 15

O presidente de um importante conglomerado financeiro, desconfiado com a mudança de atitude de um de seus altos executivos, contrata um detetive para que ele descubra o que este costuma fazer durante o seu estendido horário de almoço.
— Siga o sr. Roberto durante toda a semana — ordena o presidente ao detetive. — Quero ter certeza absoluta de que ele não está metido em algo duvidoso!
Uma semana depois, o detetive volta com a missão cumprida e lê o seu relatório:
— Todos os dias da semana, o sr. Roberto sai ao meio-dia do trabalho, apanha o seu carro, vai à sua casa almoçar, depois faz amor com sua mulher, fuma um de seus excelentes charutos e volta pro trabalho!
— Ah! Que alívio! Obrigado e acerte com a minha secretária!
E o detetive:
— O senhor se incomodaria que lhe tratasse por tu, sr. Presidente?
— Não, claro que não! — Responde o presidente, surpreso.
— Posso ler o relatório novamente?
— Sim, por que não?
— Todos os dias da semana, o sr. Roberto sai ao meio-dia do trabalho, apanha o teu carro, vai à tua casa almoçar, depois faz amor com tua mulher, fuma um de teus charutos e volta pro trabalho!
(Disponível em: <http://www.besteirex.hpg.com.br/01-07.html>. Acesso em: 23 ago. 2010.)

Por isso as facetas da linguagem são tão fascinantes. Há muitas outras funções que oportunamente poderemos conhecer e reconhecer nos textos que lemos, nas coisas que falamos, nas conversas que desenvolvemos. O bom é saber que todos esses papéis podem aparecer juntos no texto, ou há casos em que apenas um processo referencial age de forma a organizar e argumentar, a resumir e introduzir informação etc. Além disso, não apenas essas funções que estudamos atuam no discurso; há muitas outras, que vêm sendo amplamente pesquisadas e identificadas. Chegando até aqui, parece que essas que acabamos de conhecer já nos despertam curiosidade.

FAÇA COM SEUS ALUNOS

Atividade 1

Objetivo: reconhecer os mecanismos textuais garantidores das relações referenciais.

Leia os textos a seguir e, com base nos seus conhecimentos sobre referenciação, analise os termos em destaque, dê suas classificações e justifique. Indique, também, quais são os seus respectivos referentes e como o interlocutor terá acesso a eles.

a) "A família tem recebido a visita de familiares, além de muitos presentes. "Eles receberam milhares de flores, é impressionante, nem estão cabendo no quarto, já estão no corredor. Sem falar dos presentes, umas cestas enormes com composições de presentes, chocolates... o casal está adorando o carinho", completa Cíntia.
(Fonte: Revista *Caras*, julho de 2009.)

b) A ex-BBB9 Ana Carolina Madeira gravará um piloto do *Late Show*, programa que a *Rede TV!* voltará a apresentar em breve. Se for bem diante das câmeras, a advogada comandará o programa sobre bichos, que foi apresentado por Luísa Mell até 2008.
(Fonte: Revista *Caras*, julho de 2009.)

c) Motivo de polêmica
A Schincariol lança neste mês no Nordeste a lata de Nova Schin com uma tampa protetora de alumínio. A solução, que outras

empresas já usam, é motivo de uma pequena guerra no setor: o sindicato que reúne a Ambev e a Femsa fez campanha publicitária contra. Alegou que esse tipo de embalagem não protege contra a formação de bactérias. Uma liminar na Justiça proibiu a campanha.
(Fonte: Revista *Veja*, 07 maio 2008.)

Atividade 2
Objetivo: reconhecer o papel das expressões referenciais (incluindo sua participação em cadeias coesivas) na interpretação de informações explícitas e de inferências.
Leia o texto a seguir e faça o que se pede.

Um **negociante** acaba de acender as luzes de uma **loja de calçados**, quando surge **um homem** pedindo dinheiro. O **proprietário** abre uma **máquina registradora**. O **conteúdo** da máquina registradora é retirado e **o homem** corre. **Um membro** da **polícia** é imediatamente avisado.

Analise as declarações que são feitas a respeito do texto, de acordo com a seguinte legenda:

(V) declaração verdadeira
(F) declaração falsa
(?) declaração desconhecida

1. As luzes foram acesas, pois acabava de anoitecer. ( )
2. Deduz-se que era final de expediente. ( )
3. O comerciante acendeu as luzes de sua loja há pouco tempo. ( )
4. O negociante trabalhava com calçados. ( )
5. O negociante estava sozinho na loja. ( )
6. O homem que correu foi o comerciante. ( )
7. Houve um assalto relâmpago. ( )
8. A loja só vendia sapatos. ( )

9. O homem abriu a máquina registradora. ( )
10. Não se pode afirmar a quantia que foi retirada da máquina. ( )
11. O homem correu com o dinheiro. ( )
12. O fato se passou numa fábrica de calçados. ( )
13. O ladrão que corre é do sexo masculino. ( )
14. O pedinte era ladrão. ( )
15. A história envolve três personagens: o negociante, o homem que pedia dinheiro e o homem que corre. ( )
16. Estes fatos são verdadeiros: alguém abriu a máquina, o conteúdo da máquina foi retirado e o negociante solicitou a presença da polícia. ( )
17. A polícia foi acionada pelo negociante. ( )
18. A polícia chegou de imediato. ( )
19. O ladrão correu antes de a polícia ser avisada. ( )
20. Com certeza, havia mais de uma lâmpada na fábrica de sapatos. ( )

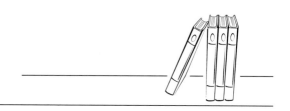

Intertextualidade

Como já vimos nos capítulos anteriores, a produção de um texto demanda a ativação de conhecimentos adquiridos por meio de outros textos; a prática de leitura e compreensão, por sua vez, também requerem a consideração de uma gama de conhecimentos advindos da leitura de outros textos. Assim sendo, nenhum texto pode ser tomado isoladamente, desvinculado de qualquer outro, mas, sim, em sua intrínseca relação com outros exemplares textuais. Trataremos, pois, neste capítulo, das relações intertextuais.

1. Conceituação

O conceito de *intertextualidade* surgiu no âmbito da crítica literária, com a autora Julia Kristeva (1974), para quem todo texto é realmente um mosaico de citações de outros textos. Kristeva, na verdade, se apoiava no postulado bakhtiniano do dialogismo, conforme o qual qualquer enunciado é resposta a enunciados anteriores e potencializa o surgimento de outros enunciados, quer imediatos, quer distantes.

É constitutiva, portanto, a relação que um texto estabelece com outros. Em muitos textos, percebem-se indícios tangíveis de uma relação com outros, desde evidências tipográficas, que demarcam fronteiras bem específicas entre um dado texto e algum outro que esteja sendo evocado, até pistas mais sutis que conduzem o leitor à ligação intertextual por meio de inferências.

Mais tarde, os diálogos entre textos passaram a ser estudados sob outras perspectivas, como a de Genette (1982), que estuda os processos intertextuais no discurso literário, e a de Piègay-Gros (1996), que reorganiza a proposta de Genette, fazendo também um estudo aplicado à literatura. A proposta pode ser resumida no quadro:

Relações intertextuais para Piègay-Gros (1996)

Relações intertextuais	Relações de copresença	Citação / Referência	explícitas
		Plágio / Alusão	implícitas
	Relações de derivação	Paródia / Travestismo burlesco / Pastiche	

Ambos os autores detiveram-se em análises aplicadas aos gêneros literários, todavia, em princípio, os processos intertextuais podem apresentar-se em qualquer gênero, dentro de qualquer domínio discursivo.

Vejamos, a seguir, as características de cada uma das relações intertextuais.

2. Copresença

As relações intertextuais estabelecidas por copresença são aquelas em que é possível perceber, por meio de distintos níveis de evidência, a presença de fragmentos de textos previamente produzidos, os quais são encontrados em outros textos. Genette (1982) aponta três formas principais de intertextualidade por copresença, a saber, a *citação*, a *alusão* e o *plágio*. A essas, Piègay-Gros (1996) acrescentou o subtipo chamado de *referência*.

2.1. Citação

A citação é o tipo de intertextualidade que mais costuma vir assinalada por sinais tipográficos diversos (como aspas, recuo de margem, itálico, diminuição de fonte etc.), que demarcam uma fronteira entre o trecho citado e o texto em que ela se encontra.

Alguns gêneros discursivos têm formas padronizadas de citação, como os do domínio discursivo jornalístico e, mais especialmente, os do domínio acadêmico. Isso ocorre porque, na maioria das vezes, a citação exerce a função discursiva do recurso à autoridade (ou *argumento de autoridade*, como se lê em Perelman e Tyteca, 1996), em que há necessidade de se recorrer à palavra especializada para sustentar o que está sendo dito, garantindo-se mais credibilidade ao que diz o enunciador. Vejamos o exemplo seguinte.

Exemplo 1

Sem citar MST, Dilma critica invasões de terra

A ex-ministra da Casa Civil Dilma Rousseff, presidenciável do PT, criticou hoje as invasões de terra, a ocupação de prédios públicos e considerou as invasões como "atitudes ilegais". "Sou inteiramente contrária a criar prejuízos aos que não são responsáveis pela política e sou contrária às invasões de terra", destacou ela, sem citar o Movimento dos Trabalhadores Rurais sem-terra (MST) e cercada por uma plateia eminentemente ruralista que visita a Agrishow, no interior de São Paulo.

> Na feira agrícola, Dilma pregou também o diálogo com os movimentos sociais e procurou isentar o governo do presidente Lula de qualquer responsabilidade pelas ações desse movimento. "Governo é governo e movimento é movimento. A primeira relação é termos diálogo, mas sou inteiramente contrária à tomada de locais públicos e invasões de terra", frisou Dilma. E continuou, sob aplausos tímidos da plateia: "Não pretendo compactuar com qualquer atitude ilegal que não deve ser premiada, pois estamos todos sob os mesmos princípios legais". [...]
>
> (Fonte: *O Estadão*, 29 abr. 2010.)

Na notícia anterior, trechos do discurso de Dilma Rousseff, proferido por ocasião de uma feira agrícola, foram selecionados para a composição do texto, a fim de atestar a veracidade dos fatos. Note-se, no exemplo, a nítida marcação das fronteiras do intertexto (por meio de aspas), porque seria inapropriado não aspear o trecho citado dentro do gênero notícia ou do gênero reportagem.

Mas nem toda citação vem necessariamente marcada, e o fato de não haver uma evidência tipográfica não faz com que ela deixe de ser uma citação. Nesses casos, o autor considera que seu(s) destinatário(s) terá(ão) condições de recuperar o intertexto, em geral facilmente reconhecível por pertencer a conhecimentos culturalmente compartilhados, como no exemplo seguinte:

Exemplo 2

(Disponível em: <http://agencia-apice.blogspot.com/2008_09_01_archive.html>.
Acesso em: 12 dez. 2011.)

A frase de efeito do anúncio é uma citação de uma conhecida canção composta por Rita Lee e Roberto de Carvalho. Não há, contudo, marcas tipográficas que sinalizem o intertexto, pois não há coerções do gênero para isso – pelo contrário, o gênero anúncio poderia até mesmo não considerar adequadas as aspas, supondo que o coenunciador acessa facilmente, em sua memória discursiva, a canção, e recontextualiza o sentido original, que metaforizava a vontade de "comer", o despertar do desejo, do apetite.

2.2. Plágio

O plágio é a apropriação indevida do texto alheio de forma que o plagiário assume como sua a autoria do texto de outrem. Muitas vezes tal prática é deliberada, de modo que se procura ocultar o intertexto. Outras vezes, porém, é efeito de um desconhecimento de formas de demarcação de autoria, como em práticas discursivas do mundo acadêmico, em que se deve marcar a propriedade do que é dito a partir da referência ao autor e à data de publicação onde as ideias discutidas (por meio de citações e paráfrases) se encontram inseridas.

2.3. Referência

A referência diz respeito ao processo de remissão a outro texto sem, necessariamente, haver citação de um trecho. A remissão pode realizar-se, por exemplo, por meio da nomeação do autor do intertexto, do título da obra, de personagens de obras literárias etc. Vejamos um exemplo a seguir.

Exemplo 3

Sou sua
(Péricles Cavalcanti)

Sou sua luz
Sou sua cruz
Sou sua voz
Sou sua jura
Sou sua cura
Pro mal do amor
Sou sua meia
Sou sua sereia
Cheia de sol
Sou sua lua
Sua carne crua
Sob o lençol
Sou sua **Amélia**
Sou sua **Ofélia**
Sou sua foz
Sou sua fonte
Sou sua ponte
Pro além de nós
[...]

Ai que saudades da Amélia
(Ataulfo Alves e Mario Lago)

Nunca vi fazer tanta exigência
Nem fazer o que você me faz
Você não sabe o que é consciência
Nem vê que eu sou um pobre rapaz
Você só pensa em luxo e riqueza
Tudo o que você vê, você quer
Ai, meu Deus, que saudades da Amélia
Aquilo sim é que era mulher
Às vezes passava fome ao meu lado
E achava bonito não ter o que comer
E quando me via contrariado
Dizia: "Meu filho, o que se há de fazer!"
Amélia não tinha a menor vaidade
Amélia é que era mulher de verdade

Ofélia é personagem da tragédia *Hamlet*, de William Shakespeare, geralmente associada à loucura e à melancolia. Após ter o pai, Polônio, assassinado por Hamlet, enlouquece e afoga-se num rio. Numa das cenas da tragédia, dois homens discutem se é lícito ou não seu enterro cristão, já que ela praticou suicídio.

(Fonte: CALCANHOTO, Adriana, Álbum *Cantada*, 2002.)

Na canção "Sou sua", gravada por Adriana Calcanhoto, há duas referências intertextuais estabelecidas nos versos "Sou sua Amélia / Sou sua Ofélia". Para além da rima emparelhada constituída entre os dois versos, observamos que as duas personagens não foram mencionadas aleatoriamente. É necessário ao coenunciador resgatar conhecimentos intertextuais, no sentido de compreender adequadamente esse trecho da canção e assim associar o eu lírico à postura de submissão da Amélia no primeiro verso, e relacioná-lo à loucura e à melancolia sofridas por Ofélia no segundo. Ainda nesse verso, é possível interpretar que o eu lírico e seu amante poderão não ter contato físico, visto que Ofélia e Hamlet tiveram seu romance impedido. Tais conhecimentos só são passíveis de ser resgatados intertextualmente, mas não chegam a comprometer a compreensão global do texto, caso algum interlocutor não detenha essas informações.

No meio acadêmico, as referências costumam ser indicadas por meio do último sobrenome do autor, seguido do ano de publicação da obra cujas ideias são parafraseadas, como se vê no exemplo a seguir. De forma menos recorrente, coloca-se o título da obra.

Exemplo 4

Conforme defendem Du Bois e Thompson (1991), tomando por base o mesmo tripé proposto por Chafe, haveria, de um lado, conteúdos dados, situados na consciência focal, [...] e conteúdos acessíveis, localizados na consciência periférica; de outro, haveria conteúdos novos [...].

(Fonte: CAVALCANTE, M. M.; KOCH, I. G. V. A acessibilidade dos referentes no discurso. In: CAVALCANTE, M. M. et al. (Org.). *Texto e discurso sob múltiplos olhares*: referenciação e outros domínios discursivos. Rio de Janeiro: Lucerna, 2007, v. 2, p. 12.)

No excerto acima, em nenhum momento há uma citação direta, mas, ainda assim, percebemos uma relação intertextual. O texto original é adaptado ao discurso das autoras desse trecho, marcando-se o intertexto por meio da referência, tanto para identificar a propriedade intelectual das informações, quanto para usar de uma autoridade ao se fazer certas afirmações. Sem a referência à obra original – Du Bois e Thompson, 1991 – teria se configurado o plágio. Além de ser uma referência, há também uma paráfrase, o que evidencia a possibilidade de se encontrarem, no mesmo texto, diversos tipos de relação intertextual.

2.4. Alusão

A alusão é uma espécie de referenciação indireta, como uma retomada implícita, uma sinalização para o coenunciador de que, pelas orientações deixadas no texto, ele deve apelar à memória para encontrar o referente não dito. Diferentemente da referência, que apresenta marcas explícitas por meio das quais é possível reconhecer o intertexto ao qual se está fazendo remissão (tais como nome do autor, título da obra, nome de personagens etc.), a alusão é mais implícita, isto é, não apresenta marcas diretas e, portanto, seu reconhecimento demanda maior capacidade de inferência por parte do enunciador. Nem sempre um coenunciador detém as informações necessárias para o reconhecimento dos indícios intertextuais da referência e, principalmente, da alusão, mas essa possibilidade não faz com que o fenômeno deixe de existir, pois, se um leitor não conseguiu alcançar a intertextualidade, outro, certamente, o fará. Analisemos o exemplo a seguir.

Exemplo 5

Fátima
(Flávio Lemos/Renato Russo)

Vocês esperam uma intervenção divina
Mas não sabem que o tempo agora está contra vocês
Vocês se perdem no meio de tanto medo
De não conseguir dinheiro pra comprar sem se vender

E vocês armam seus esquemas ilusórios
Continuam só fingindo que o mundo ninguém fez
Mas acontece que tudo tem começo
Se começa um dia acaba, eu tenho pena de vocês

E as ameaças de ataque nuclear
Bombas de nêutrons não foi Deus quem fez
Alguém, alguém um dia vai se vingar
Vocês são vermes, pensam que são reis

Não quero ser como vocês
Eu não preciso mais
Eu já sei o que eu tenho que saber
E agora tanto faz

Três crianças sem dinheiro e sem moral
Não ouviram a voz suave que era uma lágrima
E se esqueceram de avisar pra todo mundo
Ela talvez tivesse um nome e era: Fátima

E de repente o vinho virou água (1)
E a ferida não cicatrizou
E o limpo se sujou
E no terceiro dia ninguém ressuscitou (2)

(Disponível em: <http://letras.terra.com.br/renato-russo/1092681/>. Acesso em: 7 mar. 2012.)

---

(1) Disse-lhes Jesus: "Enchei de água essas talhas". E encheram-nas até em cima. E disse-lhes: "Tirai agora, e levai ao mestre-sala". E levaram. E, logo que o mestre-sala provou a água feita vinho (não sabendo de onde viera, se bem que o sabiam os serventes que tinham tirado a água), chamou o mestre-sala ao esposo. E disse-lhe: "Todo o homem põe primeiro o vinho bom e, quando já têm bebido bem, então o inferior; mas tu guardaste até agora o bom vinho". Jesus principiou assim os seus sinais em Caná da Galileia, e manifestou a sua glória; e os seus discípulos creram nele.

(Fonte: Evangelho de João 2: 7.)

---

(2) E Jesus, tendo ressuscitado na manhã do primeiro dia da semana, apareceu primeiramente à Maria Madalena, da qual tinha expulsado sete demônios.

(Fonte: Evangelho de Marcos 16: 9.)

Na canção citada, observamos algumas alusões a passagens do texto bíblico. Ao final da canção, dois versos aludem a milagres de Cristo, mais especificamente ao primeiro (conversão de água em vinho) e ao último milagre (ressurreição no terceiro dia após o suplício da crucificação) que lhe são atribuídos. Em nenhum momento no texto, os evangelhos são citados, mas diversas expressões referenciais servem de âncora à alusões em favor do reconhecimento do intertexto.

Analisemos mais um exemplo de alusão.

Exemplo 6

(Disponível em: <www.monica.com.br /mauricio-site/>. Acesso em: 7 fev. 2012)

Lendo a tirinha, podemos acionar, em nossa memória, a história infantil *João e Maria*. Em nenhum momento, há citações ou referência direta ao conto, mas é possível reconhecer o intertexto por meio das imagens e das pistas textuais presentes na fala do personagem Cebolinha, que tem a precaução de marcar o caminho para que não se perca junto com Magali. Na história original, Joãozinho marca o caminho com pedras e, posteriormente, com pedaços de pão, que são comidos por passarinhos. Na tirinha, Magali, cuja característica é a gulodice exacerbada, come as pipocas que Cebolinha deixa pelo caminho, subvertendo o conto e criando o humor.

Para concluir esta descrição das intertextualidades por copresença, vale observar que, quando a alusão e a referência não remeterem à inclusão de um texto em outro, não teremos intertextualidade, já que "os fenômenos da referenciação e da alusão excedem em muito o da *intertextualidade*, pois é possível falar de ambas sem estar, necessariamente, diante de ocorrências intertextuais" (Koch, Bentes e Cavalcante, 2007: 126).

3. Derivação

No que diz respeito às relações intertextuais por *derivação*, que acontecem quando um texto deriva de outro previamente existente, a literatura especializada tem trazido as seguintes categorias de análise: a *paródia*, o *pastiche* e o *travestimento burlesco*.

Além desses, acrescentaremos a *paráfrase*, descrita por Sant'Anna (1985), e o *détournement* (Grésillon e Maingueneau, 1994), um tipo especial de paródia.

3.1. Paródia

No senso comum, atribuímos o termo *paródia* a músicas bastante conhecidas que passam por uma transformação na letra, gerando um texto humorístico. Isso é clássico de shows de humor ou de shows de caça-talentos. Mas, na verdade, a paródia é um recurso bastante criativo que se constrói a partir de um texto-fonte retrabalhado – ou seja, há uma *transformação de um texto-fonte* – com o intuito de atingir outros propósitos comunicativos, não só humorísticos, mas também críticos, poéticos etc. Isso quer dizer que nem sempre a intenção da paródia é pejorativa. A paródia pode realizar-se de diversas formas, desde a substituição de fonemas e palavras até a modificação de enunciados inteiros, que, no entanto, guardarão resquícios do texto original, como tema, nomes de personagens, estilo etc.

Analisemos o exemplo seguinte.

Exemplo 7

Abel tinha o seu gado, caim o seu agro, e, como mandavam a tradição e a obrigação religiosa, ofereceram ao senhor as primícias do seu trabalho, queimando abel a delicada carne de um cordeiro e caim os produtos da terra, umas quantas espigas e sementes. Sucedeu então algo até hoje inexplicado. O fumo da carne oferecida por abel subiu a direito até desaparecer no espaço infinito, sinal de que o senhor aceitava o sacrifício e nele se comprazia, mas o fumo dos vegetais de caim, cultivados com um amor pelo menos igual, não foi longe, dispersou-se pelo menos ali, a pouca altura do solo, o que significava que o senhor o rejeitava sem qualquer contemplação. Inquieto, perplexo, caim propôs a abel que trocassem de lugar, podia ser que houvesse ali uma corrente de ar que fosse a causa do distúrbio, e assim fizeram, mas o resultado foi o mesmo. Estava claro, o senhor desdenhava caim. Foi então que o verdadeiro caráter de abel veio ao de cima. Em lugar de se compadecer do desgosto do irmão e consolá-lo, escarneceu dele, e, como se isto ainda fosse pouco, desatou a enaltecer a sua própria pessoa, proclamando-se, perante o atônito e desconcertado caim, como um favorito do senhor, como um eleito de deus. O infeliz caim não teve outro remédio que engolir a afronta e voltar ao trabalho. A cena repetiu-se, invariável, durante uma semana, sempre um fumo que subia, sempre um fumo que podia tocar-se com a mão e logo se desfazia no ar. E sempre a falta de piedade de abel, os dichotes de abel, o desprezo de abel. Um dia caim pediu ao irmão que o acompanhasse a um valo próximo onde era voz corrente que se acoitava uma raposa ali, com as suas próprias mãos, o matou a golpes de uma queixada de jumento que havia escondido antes num silvado, portanto com aleivosa premeditação.

(Fonte: SARAMAGO, J. Caim. São Paulo: Companhia das Letras, 2009, p. 32-34).

> E conheceu Adão a Eva, sua mulher, e ela concebeu e deu à luz a Caim, e disse: Alcancei do SENHOR um homem. E deu à luz mais a seu irmão Abel; e Abel foi pastor de ovelhas, e Caim foi lavrador da terra. E aconteceu ao cabo de dias que Caim trouxe do fruto da terra uma oferta ao SENHOR. E Abel também trouxe dos primogênitos das suas ovelhas, e da sua gordura; e atentou o SENHOR para Abel e para a sua oferta. Mas para Caim e para a sua oferta não atentou. E irou-se Caim fortemente, e descaiu-lhe o semblante. E o SENHOR disse a Caim: "Por que te iraste? E por que descaiu o teu semblante? Se bem fizeres, não é certo que serás aceito? E se não fizeres bem, o pecado jaz à porta, e sobre ti será o seu desejo, mas sobre ele deves dominar".
> E falou Caim com o seu irmão Abel; e sucedeu que, estando eles no campo, se levantou Caim contra o seu irmão Abel, e o matou.
>
> (Fonte: *Gênesis* 4: 1-16)

Temos um trecho do romance *Caim*, de José Saramago, e seu correspondente bíblico. Notam-se, claramente, pontos de contato, como as profissões de Abel e de Caim, as ofertas realizadas, a aprovação divina, o assassinato. Não há, necessariamente, uma reinvenção do conteúdo, mas acréscimos, como a forma como foi realizada a oferenda, o modo como Deus aceitou a oferta de Abel e rejeitou a de Caim e aspectos da personalidade de Abel. O restante do romance, todavia, trata de uma lacuna que é deixada no *Gênesis*: a vida de Caim na terra de Nod após o fratricídio.

A paródia é um recurso que não se restringe a textos essencialmente verbais. Imagens diversas costumam alimentar o ato parodístico em grande escala. Cumpre aos estudos sobre o assunto ampliar as análises de intertextualidade em textos multimodais, e naqueles que não se valham da linguagem verbal, como o seguinte exemplo:

Exemplo 8

(Disponível em: <www.monica.com.br/mauricio-site/>. Acesso em: 5 mar. 2012.)

A figura da esquerda traz o quadro *Mulher com sombrinha* (1875), do impressionista Claude Monet, obra que é retomada por Mauricio de Sousa na figura da direita, intitulada *Mônica com sombrinha* (1991). Além dessa obra, o cartunista reproduziu mais de quarenta telas de artistas dos mais variados, as quais reuniu na obra *História em quadrões* (2001). Um dos objetivos de Mauricio de Sousa era prestar uma homenagem a renomados artistas, de forma que seus próprios personagens, da Turma da Mônica, pudessem recontar a vida e a obra dos pintores.

O fenômeno da intertextualidade foi pensado para textos da modalidade escrita. Como dissemos, muito há que se repensar ainda sobre os tipos de intertextualidade aplicados a textos não verbais e a outros que misturam diversas modalidades, diversas semioses. Se tentarmos aplicar a classificação existente à pintura acima, temos um caso de paródia, já que há uma recriação de um texto-fonte com uma clara mudança de propósitos comunicativos, pois, sem falar na transformação da própria obra de arte, temos que considerar que os textos da Turma da Mônica são voltados para o público infantojuvenil e têm intuitos, principalmente (mas não apenas), humorísticos.

3.2. Um tipo especial de paródia: o *détournement*

Podemos dizer que o *détournement* é um tipo de paródia, mas parece restringir-se a textos mais curtos, muitas vezes a provérbios, frases feitas etc., não chegando a transformar um texto completo em outro, em todos os casos.

Com claro valor subversivo, o objetivo dos produtores de um *détournement* é "levar o interlocutor a ativar o enunciado original, para argumentar a partir dele; ou então ironizá-lo, ridicularizá-lo, contraditá-lo, adaptá-lo a novas situações ou orientá-lo para outro sentido, diferente do sentido original", como afirmam Koch, Bentes e Cavalcante (2007: 45). Atentemos para o texto a seguir:

Exemplo 9

(Disponível em: <http://prismapp.wordpress.com/2008/09/>. Acesso em: 23 set. 2008.)

O anúncio da margarina retoma o último verso da música "Ai que saudades da Amélia", constituindo um exemplo de *détournement* por substituição de palavras, segundo Koch, Bentes e Cavalcante (2007). No caso, temos a substituição do tempo verbal para o presente e do termo *mulher*, da letra original, por *margarina*. No que diz respeito à primeira mudança, trata-se de um recurso argumentativo que reforça a insinuação de que essa é uma característica invariável do produto, e, ao dizer que a margarina Amélia é de verdade, apela-se, polifonicamente, para outra voz, que deve assumir que todas as outras margarinas não o são. Essa é uma propriedade argumentativa típica de qualquer discurso, mas supervalorizada no discurso publicitário.

O *détournement*, por esse aspecto, é uma derivação, já que parte de um texto preexistente, transformando-o e ressignificando-o. É importante salientar que nada impede que outros fenômenos intertextuais apareçam no mesmo contexto.

Também é muito comum *détournement* com nomes de filmes, como no exemplo a seguir, em que, como se vê, há o valor subversivo peculiar à paródia.

Exemplo 10

(Disponível em: <http://joaosembraco.com.br/2010/02/02/kiwi-bill/>. Acesso em: 2 fev. 2010.)

O texto anterior é um anúncio de uma rede de hortifrutigranjeiros carioca, que fez um jogo de palavras com o fruto kiwi e o título de um filme de ação, com o intuito de promover um de seus produtos. Além da parte verbal, vale salientar também os aspectos multimodais na composição do anúncio, que têm relação direta com a capa do filme: o amarelo, que marca a cor da vestimenta da protagonista, e a tarja preta são recursos semióticos articulados que auxiliam, juntamente com o texto verbal, na fixação do intertexto.

A frase de efeito do anúncio – "ELE FEZ uma promessa: quem não vier para a Hortifruti vai pagar caro" – também constitui uma relação intertextual, de outro tipo, a alusão, pois remete ao conteúdo do filme, sem citar diretamente ou literalmente nada dele. O filme gira em torno da promessa da protagonista, a qual se vingaria de pessoas que a traíram.

Voltamos a afirmar: os fenômenos intertextuais podem se superpor, porque se distinguem por critérios diferentes. Nesse caso, por exemplo, encontramos nesse tipo de paródia uma intertextualidade por copresença, especificamente por alusão.

3.3. Travestimento burlesco

Assim como a paródia (e o pastiche, conforme se verá adiante), o travestimento burlesco também se origina de outros textos, mas se diferencia por ser "baseado na reescritura de um estilo a partir de uma obra cujo conteúdo é conservado" (Piègay-Gros, 1996: 56-57). Há, então, uma retomada do conteúdo, mas estrutura e estilo são transformados com finalidade puramente satírica. Observemos:

Exemplo 11

Adolf Hitler

Adolf "Lucifer" Hitler (Viena, 24 de Novembro de 1872 - Berlin, 30 de Abril de 1945), ou Adolfinho para os íntimos, foi um político, estadista, garoto de programa e dono de uma fábrica de caixas, nasceu em um lugar, morreu em outro, e fez um monte de coisas durante a vida. A maior merda que ele já fez foi inventar a escola.

Sem chapinha

Hitler quando era bebê

Tabela de Conteúdo [esconder]

1 Infância
2 O Objetivo
  2.1 Preliminarmente
  2.2 O Começo
  2.3 Segunda Guerra
3 Carreira artística
4 Carreira esportiva
5 Existem dois Hitlers no mundo?
6 A morte de Adolfinho
7 Fatos sobre Adolf Hitler
8 Hitler, o pintor
9 Hitler, um descidípe
10 Ver também
11 VÍDEO
12 Ligações externas

Infância

Filho de pai gótico e mãe míguxa, Adolfinho nasceu em uma boate , enquanto sua mae fazia um strip em algum lugar da Áustria, mas como neste país não há nada de importante, dizia para todo mundo que era gay alemão.

Muito jovem, se mudou para o Brasil, onde namorou o avô de Pelé durante muitos anos. Mais ou menos nessa época, ele entrou para a escolinha do Professor Raimundo São Paulo, treinando como goleiro - foi aí que ele aprendeu a pegar todas as bolas ou deixá-las entrarem direto, habilidade que usaria até o fim de sua vida.

Após um período de retiro espiritual, Hitler escreveu a sua mais famosa obra "MY CAMP" onde registra suas primeiras ideias a respeito de acampamentos GLS e traça os princípios para a realização de colônias de férias. Hitler nesta grandiosa obra diz: "Eu sempre senti que poderia dar muito mais de mim". Dito e feito. Hitler tinha o sincero desejo de se tornar um sacerdote da igreja alemã, tanto que mandou extirpar os testículos. Pediu a Freddy Gruger, seu irmão gêmeo, que fizesse a operação que resultou em um sucesso apenas parcial. Depois disso, Hitler passou a usar bolinha de gude no saco para disfarçar o defeito. Mas se saiu muito bem sucedido. Ou não

(Disponível em: <http://desciclo.pedia.ws/wiki/Hitler>. Acesso em: 12 dez. 2010.)

O site Desciclopédia é uma enciclopédia de cunho satírico que subverte a Wikipedia, considerada a maior enciclopédia coletiva da internet. No exemplo em questão, destacamos alguns trechos do verbete sobre Hitler para mostrar o quão subversivo são os textos deste site.

Texto 1

Adolf "Lúcifer" Hitler (Braunau am Inn, 24 de novembro de 1872 – Berlim, 30 de abril de 1945), ou *Adolfinho* para os íntimos, foi um político, estadista, garoto de programa e dono de uma fábrica de caixas, nasceu em um lugar, morreu em outro, e fez um monte de coisas durante a vida.

(Disponível em: <http://desciclopedia.org/wiki/Adolf_Hitler>. Acesso em: 31 dez. 2011.)

Texto 2

A morte de Adolfinho

Depois de ter seu exército de macacos de circo e emos nazistas destruído, Hitler resolveu fugir para o Alaska, sem saber que estava sendo seguido por seu pior inimigo, Johnny Walker Red Label. Johnny era um inimigo de Hitler há muitos anos. Desde que estudava na Escolinha Acarajé Feliz, Johnny adorava maltratar e humilhar Hitler na frente de todos. Hitler desejava imediatamente parar de sofrer nas mãos do valentão, assim fazendo em 1945. Naquele maio de 1945, Hitler chamou Johnny Walker para dar uma caminhada. Os dois ficaram se encarando por alguns segundos, até que Johnny deu um soco no nariz de Hitler. Este cai no chão todo sangrando. De repente, Johnny arranca a franjinha de emo do Hitler. Como todos sabem, para um emo, perder a franja é sinal de vergonha. Hitler se rendeu, minutos depois de apanhar, e foi ANDANDO de quatro para casa.
Chegando no *bunker* que vivia, a namorada dele, Stalin, foi lá fazer companhia. Sendo Hitler um emo, a única coisa que fez foi chorar por horas, ameaçando suicidar-se, além do clássico cortar os punhos. E ficou lá, sozinho, sangrando até a morte.
Alguns estudiosos dizem que, Adolfinho não morreu na Alemanha, ele se disfarçou num campo de refugiados e, quem morreu em seu lugar foi um simples sósia: Charles Chaplin.

(Disponível em: <http://desciclopedia.org/wiki/Adolf_Hitler>. Acesso em: 31 dez. 2011.)

Em textos biográficos da Wikipedia, é recorrente trazer o nome completo do personagem em análise, data de nascimento e morte e suas funções (anti)sociais durante a vida. Nesse caso, o próprio nome de Hitler é subvertido, quando se atribui a ele o sobrenome Lúcifer, em referência ao Diabo, uma alusão aos malefícios que fez para a humanidade durante a Segunda Guerra Mundial. Dados imprecisos, como "nasceu em um lugar, morreu em outro e fez um monte de coisas durante a vida" também são traços desse site, que tem claro propósito satírico, transformando a especificidade característica do estilo de enciclopédias, que deve servir de referência para consultas e pesquisas.

Devem-se levar em consideração, também, outros elementos que fazem estreita relação ao site da Wikipedia, como, por exemplo, a logomarca da Desciclopédia, que é muito parecida com a do site ao qual faz referência, além de toda a estruturação do site, como os *links* à esquerda, que também são satirizados. Tudo isso reforça a ideia do site Desciclopédia, uma sátira à Wikipedia.

As fotos também são bastante sugestivas; destacamos somente algumas, como a que mostra Hitler "sem chapinha", com um cabelo crespo e grande, um estilo muito usado na década de 1970. Outra mostra Hitler com um fone de ouvido "curtindo o som de NXZero", uma banda brasileira formada já no século XXI, mais de cinquenta anos depois da morte do estadista. Outra apresenta suposta foto de Hitler bebê, por se tratar de uma biografia, e nela vê-se um elemento improvável em crianças, que é o bigode característico de Hitler, ou seja, todos os elementos do site analisado apenas homologam o tom humorístico e escrachado.

É justamente isso que define o travestimento burlesco, já que há uma transformação de um estilo, no caso, do que consideraríamos um texto sério, passível de referências, a um texto depreciativo, com tom eminentemente satírico: é como dar uma caricatura grotesca a um "nobre".

3.4. Pastiche

O *pastiche* também é mais um tipo de intertextualidade por derivação, mas um tanto diferente dos dois que vimos até agora: enquanto nos anteriores havia uma alteração da forma do texto (transformação), o pastiche se caracteriza pela *imitação* de um estilo de um autor ou de traços de sua autoria. Reflitamos sobre o exemplo a seguir:

Exemplo 12

Dicionário de mineirês

A
Antisdonte: Em algumas regiões de Minas pronuncia-se ÃNSDIONTI – o mesmo que "antes de ontem". "Antisdonte eu vi a Lindauva. Tava uma belezura, a minina".
B
Belzont: s.p. 1. Capitar das Minas Gerais.
Beraba e Berlândia: s.p. 1. Cidades famosas do Triângulo Mineiro. Diz qui tem uma ôtra famosa que cumeça cum "B" e acaba com "raguari", lá prá 'quelas banda! O pessoar da capitár nunca sabe se a turma de lá é minerin ou não. Daí fica dizendo que é terra dos triangulinos. E óia que o povo di lá inté acha bão...
C
Cadiquê: (?!) Na forma erudita: CAUSDIQUÊ – mineirin tentânu intendê o pruquê d'arguma coisa... "Por causa de quê?".
D
Dendapia: dentro da pia. Ex: "Muié, o galo tá dendapia".
Dôdestombago: o mesmo que DODESTONGO. (dor de estômago) "Essa danada da minha úrsera dá uma baita dôdestombago."
E
Embadapia: Debaixo da pia. Ex.: Muié, ele agora tá embadapia.
J
Jizdifora: p.d.s. 1. Cidade minera pertín do RidiJanero, lá prás banda da Vinida Brasil nº 500.000. O pessoar da capitár nunca sabe se a turma de lá é minerin ou carioca. Daí fica dizendo que é terra dos carioca du brejo.
K
Kidicarne: medida empregada na comercialização de carne – quilo de carne – quinze kidicarne = uma arroba.

(Disponível em: <http://www.desvendar.com/diversaoearte/piadasdemineiro/dicionario.asp>. Acesso em: 12 dez. 2011.)

O texto anterior reproduz o que seria um dicionário dos mineiros. As entradas lexicais são escritas da forma como são proferidas por algumas variantes linguísticas do estado de Minas Gerais, as quais podem trazer como identidade alguns fenômenos fonéticos, como a supressão ou assimilação de algumas sílabas. Em "Antisdonte", que simboliza, na variante culta, "Antes de ontem", temos uma assimilação da preposição de, que termina com vogal, e da palavra ontem, que começa com vogal. A escrita de "i", de "Antis", é uma neutralização do /e/ e do /i/, típico de qualquer variante brasileira.

Na entrada lexical "Belzont" (Belo Horizonte), há uma assimilação entre a sílaba "lo", de "Belo", e a sílaba "ho", de "Horizonte", ao mesmo tempo em que há uma supressão de fonemas. A significação desse lexema também tem fins humorísticos, ao passo que a palavra *capital* é escrita "Capitar", pois é característico de algumas variantes linguísticas de Minas Gerais e de São Paulo o /r/ retroflexo, popularmente conhecido como "r caipira".

Ainda na letra B, as entradas "Beraba" e "Berlândia" trazem a aférese, processo pelo qual se suprime a primeira sílaba, imitando claramente um estilo do falar mineiro.

Em suma, o exemplo é riquíssimo e analisá-lo na íntegra foge aos propósitos deste livro, portanto cabe apenas mostrar que é um exemplo constitutivo do que estamos chamando de *pastiche*, a partir do momento em que há a imitação de um estilo, e não a transformação de um texto específico preexistente. No caso, o dicionário mineirês, elaborado com fins humorísticos, imita o que é considerado popularmente como o falar do mineiro, principalmente no que diz respeito à supressão de sílabas, o que parece ser um traço identitário desta variante.

Nem sempre é simples estabelecer as fronteiras entre um tipo de intertextualidade e outro. O pastiche, por exemplo, caracteriza-se pela imitação de um estilo de um autor, de um filme, enfim, mas com finalidade satírica, enquanto a paródia é o exemplo ideal de transformação de um texto. Koch, Bentes e Cavalcante (2007) preferem chamar de intertextualidade estilística as relações intertextuais dessa natureza, o que, de fato, é mais simples, entretanto, mais abrangente. Por isso, preferimos fazer as distinções, mesmo sabendo da dificuldade que existe em separá-las.

3.5. Paráfrase

A paráfrase é citada como um exemplo de intertextualidade por Sant'Anna (1988) e se caracteriza por ser uma repetição de outro texto, com o objetivo de esclarecê-lo, com a utilização de palavras próprias do autor do texto "atual". Por ter geralmente esse fim, Sant'Anna diz que se pode falar em paráfrase como um "efeito de condensação", já que o objetivo é reforçar o que já foi dito. Muitas vezes, acontece de essa reiteração originar um comentário bem maior que o do texto-fonte.

Pode haver, então, uma função bastante didática, nas paráfrases, quando o intuito for reforçar/explicar o que vem de outro texto. Um dos exemplos mais prototípicos das paráfrases aparece nos gêneros acadêmicos. Vejamos como isso funciona:

Exemplo 13

Texto 1

É necessário exaurir didaticamente esses dois elementos que polarizam a ponto de podermos dizer que mais do que paródia e paráfrase estamos diante de dois eixos: um *eixo parafrásico* e um *eixo parodístico*. [...] Em contraposição, se poderia dizer que a paráfrase, repousando sobre o idêntico e o semelhante, pouco faz evoluir a linguagem. [...] Enquanto a paráfrase é um discurso em repouso, e a estilização é a movimentação do discurso, a paródia é o discurso em progresso. Também se pode estabelecer outro paralelo: paráfrase como efeito de *condensação*, enquanto a paródia é um efeito de *deslocamento*. Numa há o reforço, na outra a deformação.

(Fonte: SANT'ANNA, A. R. *Paródia, paráfrase e cia*. 3. ed. São Paulo: Ática, 1988, p. 28-29.)

Texto 2

O autor propõe que se fale não de *paródia* e de *paráfrase*, mas de "eixo parafrásico" e "eixo parodístico". O eixo parafrásico se colocaria ao lado do idêntico, não traria novidades à língua, pertenceria ao já estabelecido. Em geral, nada questionaria e se conformaria, de acordo com o autor, à ideologia dominante, dando continuidade a essa. Ainda acrescenta Sant'Anna que a *paráfrase* apresentaria um efeito de *condensação*, que proporcionaria um reforço, ao passo que a *paródia* teria um efeito de *deslocamento*.

(Fonte: Koch, I. G. V.; Bentes, A. C.; Cavalcante, M. M. *Intertextualidades*: diálogos possíveis. São Paulo: Cortez, 2007, p. 20.)

Os textos em tela trazem uma exemplificação do que se entende por paráfrase, já que Koch, Bentes e Cavalcante (2007) retomam Sant'Anna (1988) e explicam o ponto de vista do autor sobre determinados conceitos, com finalidades esclarecedoras. Nesse caso em específico, o texto derivado ficou mais enxuto que o texto-fonte, entretanto, é comum que o inverso aconteça, exatamente em virtude de um dos propósitos da paráfrase ser o de clarear ideias de um texto-fonte.

Mas é importante admitir que as paráfrases podem se prestar a finalidades outras, o que demandaria um estudo mais aprofundado sobre o assunto, relacionando o tema a especificidades dos gêneros e dos discursos a que pertencem e com os quais se entrecruzam.

FAÇA COM SEUS ALUNOS

Atividade 1

Objetivo: fazer com que o aluno relacione forma e função dos textos jornalísticos e recursos intertextuais que podem aparecer com mais recorrência nesses gêneros.

Leia o texto a seguir para responder ao que se pede.

Médicos Sem Fronteiras acusam EUA por atrasos na ajuda ao Haiti

Françoise Saulnier, diretora jurídica dos Médicos Sem Fronteiras, disse que vários dias foram perdidos porque o principal aeroporto de Porto Príncipe, agora sob controle dos EUA, foi bloqueado para o tráfego militar.

"Perdemos três dias", afirmou ela à TV Reuters. "E esses três dias criaram um enorme problema de infecções e gangrenas, com amputações que agora são necessárias, enquanto poderíamos realmente ter poupado isso a essa gente".

A entidade, criada em 1971 por um grupo de jornalistas e médicos, entre os quais o atual chanceler francês Bernard Kouchner, queixou-se de que cinco aeronaves levando 85 toneladas de medicamentos e suprimentos cirúrgicos foram barradas no aeroporto de Porto Príncipe desde domingo à noite.

O secretário francês da Cooperação Internacional, Alain Joyandet, queixou-se no fim de semana às autoridades dos EUA depois que um avião da França com ajuda humanitária foi impedido de pousar na capital haitiana. Mas a presidência francesa minimizou o incidente, dizendo que o governo estava satisfeito com o grau de cooperação com os EUA.

Cerca de 12 mil soldados dos EUA já chegaram ou estão a caminho do país por causa do terremoto do dia 12.

Saulnier declarou que a situação dos cirurgiões que atuam no Haiti está extremamente difícil, e que as equipes de auxílio foram obrigadas a comprar equipamentos improvisados nos mercados locais para serrar ossos.

"Está simplesmente apocalíptico no momento, com pessoas em péssima situação e uma condição em deterioração", disse ela, acreditando que houve uma "verdadeira má gestão de questões vitais".

"Você tem os primeiros três dias para tentar tirar as pessoas dos (escombros de) edifícios, outros três para lhes dar atenção médica e cirúrgica, e então todo o resto, emergências, comida, abrigo, água – tudo vem depois disso", afirmou.

"E, agora, tudo foi misturado e a atenção urgente e vital ao povo foi adiada (por causa da) logística militar, que é útil, mas não no terceiro dia, não no quarto dia, mas talvez no oitavo dia. Esta logística militar realmente congestionou o aeroporto e levou a esta má gestão."

(Fonte: *O Globo*, 20 jan. 2010.)

Qual o tipo de relação intertextual mais recorrente no texto? Aponte exemplos e identifique aspectos formais, relacionando-os com as restrições do gênero do discurso em questão.

Atividade 2
Objetivo: levar o aluno a explicar a construção do sentido e a produção de efeitos variados, como o humorístico, por meio da intertextualidade.
O texto a seguir, uma paródia, é famoso por circular na internet há certo tempo. Que texto-fonte está sendo parodiado? Explique as principais estratégias intertextuais utilizadas para provocar o humor.

Hino Nacional Brasileiro de propaganda
*Num **POSTO DA IPIRANGA**, às margens plácidas,*
*De um **VOLVO** heroico **BRAHMA** retumbante*
***SKOL** da liberdade em **RIDER** fúlgido*
*Brilhou no **SHELL** da Pátria nesse instante*
*Se o **KNORR** dessa igualdade*
*Conseguimos conquistar com braço **FORD***
*Em teu **SEIKO**, ó liberdade*
*Desafio nosso peito à **MICROSOFT***
*O **PARMALAT, MASTERCARD, SHARP, SHARP***
AMIL** um sonho intenso, um **RÁDIO PHILLIPS
*De amor e de **LUFTHANSA** terra desce*
INTEL** formoso céu risonho **OLYMPICUS
*A imagem do **BRADESCO** resplandece*
***GILLETE** pela própria natureza*
*És belo **ESCORT** impávido colosso*
*E o teu futuro espelha essa **GRADIENTE***
CERPA GELADA!
*Entre outras mil é **SUVINIL**, **COMPAQ** amada.*
*Do **PHILCO** deste **SOLLO** és mãe **DORIL***
COCA-COLA, BOMBRIL!

(Disponível em: <http://mandinhabhz.wordpress.com/tag/publicidade/>. Acesso em: 12 dez. 2011.)

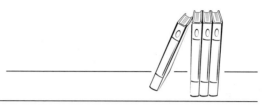

Bibliografia

ADAM, Jean-Michel. *Les textes:* et prototypes. Paris: Naham, 1992.

_____. *A linguística textual*: introdução à análise textual dos discursos. São Paulo: Cortez, 2008.

_____. Textualidade e sequencialidade: o exemplo da descrição. Trad. Mônica Magalhães Cavalcante. In: BEZERRA, B. G.; RODRIGUES-BIASI, B.; CAVALCANTE, M. M. (Orgs.). *Gêneros e sequências textuais*. Recife: EDUPE, 2009, p. 79-113.

APOTHÉLOZ, Denis; REICHLER-BÉGUELIN, Marie-José. Construction de la référence et strategies de designation. In: BERRENDONNER, Alain; REICHLER-BÉGUELIN, M-J (Orgs.). *Du sintagme nominal aux objects-de-discours.* Neuchâtsh: Université de Neuchâtsh, 1995, p. 227-271.

AUTHIER-REVUZ, Jacqueline. *Entre a transparência e opacidade*: estudo enunciativo do sentido. Porto Alegre: EDIPUCRS, 2004.

BAKHTIN, Mikhail. Os gêneros do discurso. In: BAKHTIN, M. *Estética da criação verbal*. São Paulo: Martins Fontes, [1953] 2003.

BEAUGRANDE, Robert A. *New foundations for a science of text and discourse*. Norwood: Ablex, 1997.

_____; DRESSLER, Wolfgang U. *Introduction to text linguistics*. /Nova York: Longman, 1981.

BRONCKART, Jean P. *Atividades de linguagem, textos e discursos*. São Paulo: Educ, 1999.

BROWN, Gillian; YULE, George. *Discourse analysis*. Cambridge: Cambridge University Press, 1983.

CATUNDA, Elisabete; SOARES. Maria F. Uma análise da organização retórica do acórdão jurídico. In: CAVALCANTE, M. M. et al. (Orgs.). *Texto e discurso sobre múltiplos olhares*, v. 1: gêneros e sequências textuais. Rio de Janeiro: Lucerna, 2007, p. 113-140.

CAVALCANTE, Mônica M. Expressões referenciais – uma proposta classificatória. *Caderno de estudos linguísticos*. Campinas, n. 44, p. 105-118, jan/jun. 2003.

_____. A referenciação no ensino de língua portuguesa. In: PONTES, A. L.; COSTA, M. A. R. (Orgs.). *Ensino de língua materna na perspectiva do discurso:* contribuição para o professor. Fortaleza: Demócrito Rocha, 2008, v. 2, p. 5-26.

_____. *Referenciação*: sobre coisas ditas e não ditas. Fortaleza: Editora da UFC, 2011.

CHAROLLES, Michel. Introdução aos problemas da coerência dos textos. Trad. Paulo Otoni. In: GALVES, Charlote; ORLANDI, Eni P.; OTONI, Paulo. (Orgs.). *O texto*: escrita e leitura. Campinas: Pontes, 1988, p. 39-85.

CHOMSKY, Noam. *Syntactic structures*. The Hague/Paris: Mouton, 1957.

CIULLA e SILVA, Alena. *Os processos de referência e suas funções discursivas:* universo literário dos contos. 201p. (Doutorado em Linguística). Universidade Federal do Ceará, Fortaleza, 2008.

COSTA VAL, Maria G. *Redação e textualidade*. São Paulo: Martins Fontes, 1999.

CUSTÓDIO FILHO, Valdinar. *Expressões referenciais em textos escolares*: a questão da inadequação. Fortaleza, 2006. Dissertação (Mestrado em Linguística). Universidade Federal do Ceará.

_____. Possíveis contribuições da referenciação ao ensino de escrita. *Anais do IV Seminário sobre Ensino de Língua Materna e Estrangeira e de Literatura*. Grande: UFCG, 2005 (CD-Rom).

FÁVERO, Leonor L.; ANDRADE, Maria Lúcia C. V. O; AQUINO, Zilda G. O. A correção do texto falado: tipos, funções e marcas: In: NEVES, M. H. M. (Org.). *Gramática do português falado*. São Paulo: Humanitas/FFLCH/USP/ Campinas: Editora da Unicamp, 1999, v. VII.

FERREIRA, Aurélio B. H. *Aurélio século XXI*: dicionário da língua portuguesa. Rio de Janeiro: Nova Fronteira, 1999.

FRANCIS, Gill. Rotulação do discurso: um aspecto da coesão lexical de grupos nominais. Tradução Mônica Magalhães Cavalcante, Valéria Sampaio Cassan de Deus e Thatiane Paiva de Miranda. In: CAVALCANTE, M. M.; BIASI-RODRIGUES, B.; CIULLA e SILVA, A. (Orgs.). *Referenciação*. São Paulo: Contexto, 2003, p. 191-228.

FULGÊNCIO, L.; LIBERATO, Y. *Como facilitar a leitura*. São Paulo: Contexto, 1998.

GENETTE, Gérard. *Palimpsestes*: la littérature au second degré. Paris: Seuil, 1982.

GRÉSILLON, Almuth; MAINGUENEAU, Dominique. Poliphonie, proverbe et détournemet. *Langages*, n. 73, p. 112-125, 1984.

HALLIDAY, Michael A. K.; HASAN, Ruqaiya. *Cohesion in English*. London: Longman, 1976.

JUBRAN, Clélia C. Inserção: um fenômeno de descontinuidade na organização tópica. In: CASTILHO, A. T. (Org.). *Gramática do português falado*, v. 3: níveis de análise linguística. Campinas: Unicamp/Fapesp, 1993.

KOCH, Ingedore G. V. *A inter-ação pela linguagem*. São Paulo: Contexto, 1992.

_____. *O texto e a construção dos sentidos*. São Paulo: Contexto, 1997.

_____. *Desvendando os segredos do texto*. São Paulo: Cortez, 2002.

_____. *Introdução à linguística textual*: trajetória e grandes temas. São Paulo: Martins Fontes, 2004.

_____; CUNHA-LIMA, Maria L. Do Cognitivismo ao Sociocognitivismo. In: MUSSALIM, F.; BENTES, A. C. (Orgs.). *Introdução à Linguística* – v. 3: fundamentos epistemológicos. 2. ed. São Paulo: Cortez, 2005, p. 251-300.

_____; ELIAS, Vanda M. *Ler e compreender*: os sentidos do texto. São Paulo: Contexto, 2006.

_____; BENTES, Anna C.; CAVALCANTE, Mônica M. *Intertextualidades*: diálogos possíveis. São Paulo: Cortez, 2007.

KRISTEVA, Julia. *Introdução à semanálise*. São Paulo: Perspectiva, 1974.

LAKOFF, George. Linguistic gestalts. *Chicago Linguistic Society*, v. 13, p. 236-287, 1977.

_____; JOHNSON, Mark. *Metaphors we live by*. London: The University of Chicago Press, 1980.

LOBO-SOUSA, Ana C. *Hipertextualidade*: convergências enunciativas em hipertextos. Fortaleza, 2009. Dissertação (Mestrado em Linguística). Universidade Federal do Ceará.

LYONS, John. *Linguagem e linguística:* introdução. Rio de Janeiro: Guanabara, 1987.

MARCUSCHI, Luís A. A questão do suporte dos gêneros textuais. DLVC. João Pessoa, v. 1, n. 1, p. 9-40, out. 2003.

_____. *Linguística de texto*: que é e como se faz. Recife: EDUFPE, 1983.

_____. *Produção textual, análise de gêneros e compreensão*. São Paulo: Parábola, 2008.

_____. Referenciação e progressão tópica: aspectos cognitivos e textuais. *Cadernos de Estudos Linguísticos*. Campinas, n. 48, v. 1, p. 7-22, 2006.

MESQUITA, Lívia de Lima. *A função argumentativa do encapsulamento anafórico*. Tese em andamento. Fortaleza: Universidade Federal do Ceará, 2010.

MONDADA, Lorenza; DUBOIS, Danièle. Construção dos objetos de discurso e categorização: uma abordagem dos processos de referenciação. Trad. Mônica Magalhães Cavalcante. In: CAVALCANTE, M. M.; RODRIGUES, B. B.; CIULLA, A. (Orgs.). *Referenciação*. São Paulo: Contexto, 2003, p. 17-52.

PAIVA, Geórgia F. M. *A polidez linguística em sala de bate-papo na internet*. Fortaleza, 2008. Dissertação (Mestrado em Linguística). Universidade Federal do Ceará.

PERELMAN, C.; OLBRECHTS-TYTECA, L. *Tratado da argumentação*: a nova retórica. São Paulo: Martins Fontes, 1996.

PIÈGAY-GROS, Nathalie. *Introduction à l'intertextualité*. Paris: Dunod, 1996.

REDDY, Michael. The conduit metaphor: a case of frame conflict in our language about language. In: ORTONY, A. (Org.). *Metaphor and thought*. 2. ed. Cambridge: Cambridge University Press, 1993, p. 164-201.

ROSCH, Eleanor H. *et al*. Basic objects in natural categories. *Cognitive Psychology*, v. 8, p. 382-439, 1976.

SACKS, Harvey; SCHEGLOFF, Emanuel A.; JEFFERSON, Gail. A simplest systematic for the organization of turn-taking for conversation. *Language*, Baltimore, v. 50, 1974, p. 696-735 / Sistemática elementar para a organização da tomada de turnos para a conversa. *Veredas*, Juiz de Fora, v. 7, p. 9-73, 2005.

SANT'ANNA, Affonso R. *Paródia, paráfrase e cia*. 3. ed. São Paulo: Ática, 1988.

TOMASELLO, Michael. *Origens culturais da aquisição do conhecimento*. Rio de Janeiro: Martins Fontes, 2003.

XAVIER, Antônio C. *O Hipertexto na sociedade da informação*: constituição do modo de enunciação digital. Campinas, 2002. Tese (Doutorado em Linguística). Instituto de Estudos da Linguagem da Unicamp.

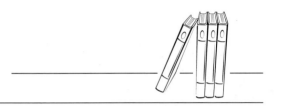

A autora

Mônica Magalhães Cavalcante é doutora em Linguística, com pós-doutoramento pela Unicamp. Atua como professora da Universidade Federal do Ceará (UFC) e coordena o grupo Protexto, desde 2001. Desenvolve pesquisas na área de Linguística de Texto, principalmente sobre referenciação, intertextualidade e argumentação. É coorganizadora do livro *Referenciação* e coautora do livro *Ensino de língua portuguesa: oralidade, escrita e leitura*, ambos publicados pela Editora Contexto.